L'ÉTAT, SON RÔLE HISTORIQUE

PAR
PIERRE KROPOTKINE

Steinlen

DÉPÔT LÉGAL

PARIS

Aux Bureaux des TEMPS NOUVEAUX,

4, RUE BROCA, 4

1906

LECTURES POUR ENFANTS

Tous les livres de lecture pour enfants sont entachés de fausse morale religieuse ou bourgeoise. Nous avons cherché dans la littérature de divers pays, les contes qui pouvaient amuser sans fausser l'esprit, et, à cette heure, nous avons en vente deux volumes de contes choisis, intitulés le *Coin des enfants*, 1re et 2e séries, contenant des illustrations de Hermann-Paul, Kupka, Delannoy, Hénault, Iribe, Willaume, M. H. T. et Delaw.

Chaque volume 3 francs

BIBLIOTHÈQUE DOCUMENTAIRE

Tous ceux qui exècrent la GUERRE,
Tous ceux qui ont la haine du MILITARISME : **doivent lire :**

GUERRE-MILITARISME

PATRIOTISME-COLONISATION

Recueils de tout ce que les écrivains les plus en vue, de toutes les époques, ont écrit contre la GUERRE *et tous les maux qu'elle engendre.*

Chacun des deux volumes : **3 fr. 50**. *Nous les laissons à nos lecteurs, à raison de* 2 fr. 50 *l'exemplaire franco.*

Il reste encore quelques-uns de ces volumes en édition de luxe superbement illustrés, à **6 fr. 50**.

L'ÉTAT, SON ROLE HISTORIQUE

OUVRAGES DE L'AUTEUR

Publications des " *TEMPS NOUVEAUX* " -- N° 33

P. KROPOTKINE

L'ÉTAT, SON ROLE HISTORIQUE

PRIX : 20 CENTIMES

PARIS

Aux Bureaux des " TEMPS NOUVEAUX "

4, RUE BROCA, 4

1906

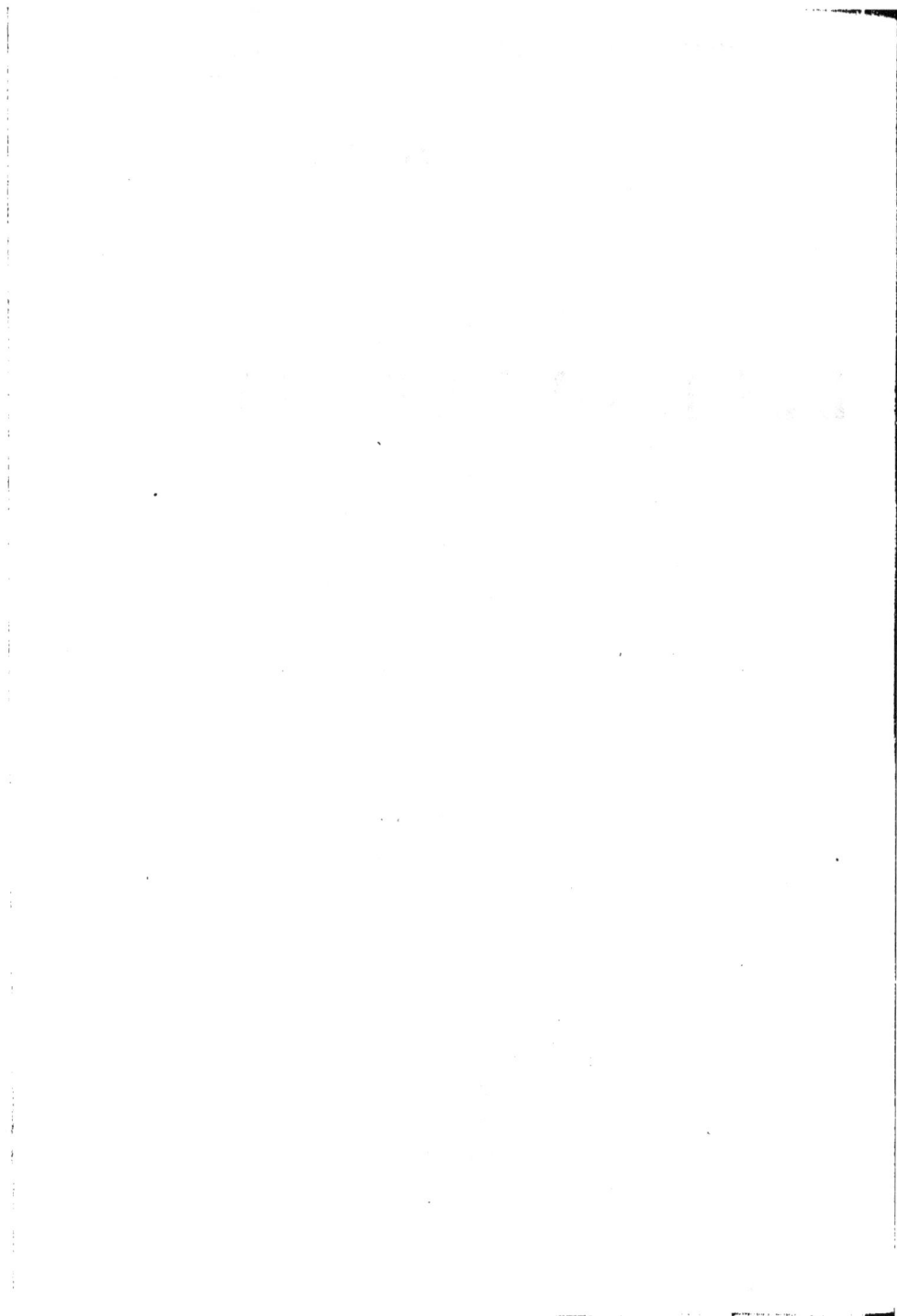

L'ÉTAT — SON ROLE HISTORIQUE

I

En prenant pour sujet de cette conférence (1) l'État et son rôle historique, j'ai pensé répondre à un besoin qui se fait vivement sentir en ce moment : celui d'approfondir l'idée même de l'État, d'étudier son essence, son rôle dans le passé et la part qu'il peut être appelé à jouer dans l'avenir.

C'est surtout sur la question de l'État que se trouvent divisés les socialistes. Dans l'ensemble de fractions qui existent parmi nous et qui répondent aux différents tempéraments, aux différentes manières de penser, et surtout au degré de confiance dans la prochaine révolution, deux grands courants se dessinent.

Il y a ceux, d'une part, qui espèrent accomplir la révolution sociale dans l'État : maintenir la plupart de ses attributions, les étendre même et les utiliser pour la révolution. Et il y a ceux qui, comme nous, voient dans l'État, non seulement sous sa forme actuelle, mais dans son essence même et sous toutes les formes qu'il pourrait revêtir, un obstacle à la révolution sociale : l'empêchement par excellence à l'éclosion d'une société basée sur l'égalité et la liberté, la forme historique élaborée pour prévenir cette éclosion. Ceux-ci travaillent en conséquence à abolir l'État, non à le réformer.

La division, vous le voyez, est profonde. Elle correspond à deux courants divergents, qui se rencontrent dans toute la philosophie, la littérature et l'action de notre époque. Et si les notions courantes sur

---

(1) J'avais choisi ce sujet pour faire une conférence à Paris, le 7 mars 1896. La conférence n'ayant pas eu lieu, je développai plus tard ce sujet pour en faire la présente brochure, qui est un complément, pour ainsi dire, de mon travail, *L'Entr'aide, un facteur de l'Évolution*, publié chez Hachette.

l'État restent aussi obscures qu'elles le sont aujourd'hui, ce sera, à n'en pas douter, sur cette question que s'engageront les luttes les plus obstinées, lorsque — bientôt, je l'espère — les idées communistes chercheront leur réalisation pratique dans la vie des sociétés.

Il importe donc, après avoir fait si souvent la critique de l'État actuel, de rechercher le pourquoi de son apparition, d'approfondir la part qu'il a jouée dans le passé, de le comparer aux institutions auxquelles il s'est substitué.

.·.

Entendons-nous d'abord sur ce que nous voulons comprendre sous le nom d'Etat.

Il y a, vous le savez, l'école allemande qui se plaît à confondre *l'Etat* avec *la Société*. Cette confusion se rencontre chez les meilleurs penseurs allemands et beaucoup de français, qui ne peuvent concevoir la société sans la concentration étatiste : et c'est pourquoi on reproche habituellement aux anarchistes, de vouloir « détruire la société », de prêcher le retour à « la guerre perpétuelle de chacun contre tous ».

Cependant, raisonner ainsi, c'est entièrement ignorer les progrès accomplis dans le domaine de l'histoire durant cette dernière trentaine d'années; c'est ignorer que l'homme a vécu en sociétés pendant des milliers d'années, avant d'avoir connu l'Etat; c'est oublier que pour les nations européennes, l'Etat est d'origine récente — qu'il date à peine du XVIe siècle; c'est méconnaître enfin que les périodes les plus glorieuses de l'humanité furent celles où les libertés et la vie locale n'étaient pas encore détruites par l'Etat, et où des masses d'hommes vivaient en communes et en fédérations libres.

L'Etat n'est qu'une des formes revêtues par la Société dans le cours de l'histoire. Comment donc confondre le permanent et l'accidentel?

.·.   •

D'autre part, on a aussi confondu *l'Etat* avec *le Gouvernement*. Puisqu'il ne peut y avoir d'Etat sans gouvernement, on a dit quelquefois que c'est l'absence de gouvernement, et non l'abolition de l'Etat, qu'il faut viser.

Il me semble, cependant, que dans l'Etat et le gouvernement, nous avons deux notions d'ordre différent. L'idée d'Etat implique bien autre chose que l'idée de gouvernement. Elle comprend non seulement l'existence d'un pouvoir placé au-dessus de la société, mais aussi une *concentration territoriale* et une *concentration de beaucoup de fonctions de la vie des sociétés entre les mains de quelques-uns*. Elle implique certains nouveaux rapports entre les membres de la société, qui n'existaient pas avant la formation de l'Etat.

Cette distinction, qui échappe, peut-être, à première vue, apparaît surtout quand on étudie les origines de l'Etat.

Pour bien comprendre l'État, il n'y a, d'ailleurs, qu'un moyen : c'est de l'étudier dans son développement historique, et c'est ce que je vais essayer de faire.

*
* *

L'empire romain fut un État dans le vrai sens du mot. Jusqu'à nos jours, il en reste encore l'idéal pour le légiste.

Ses organes couvraient d'un réseau serré tout un vaste domaine. Tout affluait vers Rome : la vie économique, la vie militaire, les rapports judiciaires, les richesses, l'éducation, voire même la religion. De Rome venaient les lois, les magistrats, les légions pour défendre le territoire, les préfets, les dieux. Toute la vie de l'empire remontait au sénat — plus tard au César, l'omnipotent, l'omniscient, le dieu de l'empire. Chaque province, chaque district avait son Capitole en miniature, sa petite portion du souverain romain, pour diriger toute sa vie. Une seule loi, la loi imposée par Rome, régnait dans l'empire ; et cet empire ne représentait pas une confédération de concitoyens : il n'était qu'un troupeau de *sujets*.

Jusqu'à présent encore, le légiste et l'autoritaire admirent l'unité de cet empire, l'esprit unitaire de ses lois, la beauté — disent-ils, — l'harmonie de cette organisation.

*
* *

Mais la décomposition intérieure, secondée par l'invasion des barbares, la mort de la vie locale, désormais incapable de résister aux attaques du dehors et à la gangrène qui se répandait du centre, ces causes mirent l'empire en pièces, et sur ses débris se développa une nouvelle civilisation, qui est aujourd'hui la nôtre.

Et si, laissant de côté les civilisations antiques, nous étudions les origines et les développements de cette jeune civilisation barbare, jusqu'aux périodes où elle donna naissance, à son tour, à nos États modernes, nous pourrons saisir l'essence de l'État. Nous la saisirons mieux que nous ne l'aurions fait, si nous nous étions lancé dans l'étude de l'empire romain, ou de celui d'Alexandre, ou bien encore des monarchies despotiques de l'Orient.

En prenant ces puissants démolisseurs barbares de l'empire romain pour point de départ, nous pourrons retracer l'évolution de toute notre civilisation, depuis ses origines jusqu'à sa phase État.

II

La plupart des philosophes du siècle passé s'étaient fait une idée très élémentaire sur l'origine des sociétés.

Au début, disaient-ils, les hommes vivaient en petites **familles** isolées, et la guerre perpétuelle entre ces familles représentait l'état normal. Mais, un beau jour, s'apercevant enfin des inconvénients de leurs luttes sans fin, les hommes se décidèrent à se mettre en société. Un contrat social fut conclu entre les familles éparses, qui se soumirent de bon gré à une autorité, laquelle, — ai-je besoin de vous le dire? — devint le point de départ et l'initiateur de tout progrès. Faut-il ajouter, puisqu'on vous l'aura déjà dit à l'école, que nos gouvernements actuels se sont jusqu'à présent maintenus dans ce beau rôle de sel de la terre, de pacificateurs et de civilisateurs de l'espèce humaine?

Conçue à une époque où l'on ne savait pas grand'chose sur les origines de l'homme, cette idée domina le siècle passé; et il faut dire qu'entre les mains des encyclopédistes et de Rousseau, l'idée de « contrat social » devint une arme pour combattre la royauté de droit divin. Cependant, malgré les services qu'elle a pu rendre dans le passé, cette théorie doit être reconnue fausse.

Le fait est que tous les animaux, sauf quelques carnassiers et oiseaux rapaces, et sauf quelques espèces qui sont en train de disparaître, vivent en sociétés. Dans la lutte pour la vie, ce sont les espèces sociables qui l'emportent sur celles qui ne le sont pas. Dans chaque classe d'animaux, elles occupent le haut de l'échelle, et il ne peut y avoir le moindre doute que les premiers êtres d'aspect humain vivaient déjà en sociétés.

L'homme n'a pas créé la société : la société est antérieure à l'homme.

Aujourd'hui, on sait aussi — l'anthropologie l'a parfaitement démontré — que le point de départ de l'humanité ne fut pas la famille, mais bien le clan, la tribu. La famille paternelle, telle que nous la connaissons, ou telle qu'elle est dépeinte dans les traditions hébraïques, ne fit son apparition que bien plus tard. Des dizaines de milliers d'années furent vécues par l'homme dans la phase tribu ou clan, et durant cette première phase — nommons-la tribu primitive ou sauvage, si vous voulez — l'homme développa déjà toute une série d'institutions, d'usages et de coutumes, de beaucoup antérieurs aux institutions de la famille paternelle.

Dans ces tribus, la famille séparée n'existait pas plus qu'elle n'existe chez tant d'autres mammifères sociables. La division au sein de la tribu se faisait plutôt par générations; et dès une époque très reculée, qui se perd au crépuscule du genre humain, des limitations s'étaient établies pour empêcher les rapports de mariage entre les diverses générations, alors qu'ils étaient permis dans la même génération. On découvre encore les traces de cette période chez certaines tribus contemporaines, et on les retrouve dans le langage, les coutumes, les superstitions des peuples bien plus avancés en civilisation.

Toute la tribu faisait la chasse ou la cueillette en commun, et leur faim assouvie, ils s'adonnaient avec passion à leurs danses dramatisées. Jusqu'à présent encore on trouve des tribus, très rapprochées de cette phase primitive, refoulées sur les pourtours des grands continents, ou vers les régions alpestres, les moins accessibles de notre globe.

L'accumulation de la propriété privée ne pouvait s'y faire, puisque toute chose qui avait appartenu en particulier à un membre de la tribu était détruite ou brûlée là où l'on ensevelissait son cadavre. Cela se fait encore, même en Angleterre, par les Tsiganes, et les rites funéraires des « civilisés » en portent encore l'empreinte : les Chinois brûlent des modèles en papier de ce que possédait le mort, et nous promenons jusqu'au tombeau le cheval du chef militaire, son épée et ses décorations. Le sens de l'institution est perdu : il n'y a que la forme qui survit.

Loin de professer le mépris de la vie humaine, ces primitifs avaient horreur du meurtre et du sang. Verser le sang était considéré comme chose si grave, que chaque goutte de sang répandu — non seulement le sang de l'homme, mais aussi celui de certains animaux — demandait que l'agresseur perdît de son sang en quantité égale.

Aussi un meurtre au sein de la tribu est chose *absolument inconnue*; par exemple, chez les Inoïts ou Esquimaux — ces survivants de l'âge de la pierre qui habitent les régions arctiques; chez les Aléoutes, etc., on sait positivement qu'il n'y a jamais eu un seul meurtre, *dans la tribu*, pendant cinquante, soixante années, ou plus.

Mais, lorsque des tribus d'origine, de couleur et de langage différents se rencontraient dans leurs migrations, c'était très souvent la guerre. Il est vrai que, dès alors, les hommes cherchaient à adoucir ces rencontres. La tradition, ainsi que l'ont si bien démontré Maine, Post, Nys, élaborait déjà les germes de ce qui plus tard devint le droit international. Il ne fallait pas, par exemple, assaillir un village sans en prévenir les habitants. Jamais on n'aurait osé tuer sur le sentier suivi par les femmes pour aller à la fontaine. Et, pour conclure la paix, il fallait souvent payer la balance des hommes tués des deux côtés. Cependant, toutes ces précautions et bien d'autres étaient insuffisantes : la solidarité ne se répandait pas au delà du clan ou de la tribu; il surgissait des querelles, et ces querelles arrivaient jusqu'à des blessures et jusqu'au meurtre, entre gens de divers clans et tribus.

Dès lors, une loi générale commença à se développer entre ces clans et tribus. — « Les vôtres ont blessé ou tué un des nôtres ; donc, nous avons le droit de tuer un d'entre vous, ou de porter une blessure absolument égale à un des vôtres » — n'importe lequel. puisque c'est toujours la tribu qui est responsable pour chaque acte des siens. Les versets si connus de la Bible : « Sang pour sang, œil pour œil, dent pour dent, blessure pour blessure, mort pour mort » — mais pas plus ! ainsi que l'a si bien remarqué Kœnigswarter — tirent de là leur origine. C'était leur conception de la justice... et nous n'avons pas trop à nous enorgueillir, puisque le principe de « vie pour vie » qui prévaut dans nos codes n'en est qu'une des nombreuses survivances.

.
. .

Toute une série d'institutions, vous le voyez, et bien d'autres que je passe sous silence, tout un code de morale tribale fut déjà élaboré pendant cette phase primitive. Et, pour maintenir ce noyau de coutumes sociables en vigueur, l'usage, la coutume, la tradition suffisaient. Point d'autorité pour l'imposer.

Les primitifs avaient, sans doute, des meneurs temporaires. Le sorcier, le faiseur de pluie — le savant de l'époque — cherchait à profiter de ce qu'il connaissait ou croyait connaître de la nature, pour dominer ses semblables. De même, celui qui savait mieux retenir dans la mémoire les proverbes et les chants, dans lesquels s'incorporait la tradition, gagnait de l'ascendant. Il récitait lors des fêtes populaires ces proverbes et ces chants, dans lesquels se transmettaient les décisions prises un jour par l'assemblée du peuple dans telle et telle contestation. Et, dès cette époque, ces « instruits » cherchaient à assurer leur domination en ne transmettant leurs connaissances qu'à des élus, des initiés. Toutes les religions, et même tous les arts et métiers, ont commencé, vous le savez, par des « mystères ».

Le brave, l'audacieux, et surtout le prudent, devenaient aussi des meneurs temporaires dans les conflits avec d'autres tribus, ou pendant les migrations. Mais l'alliance entre le porteur de la « loi » (celui qui savait de mémoire la tradition et les décisions anciennes), le chef militaire et le sorcier n'existait pas ; et il ne peut pas plus y avoir question d'*État* dans ces tribus, qu'il n'en est question dans une société d'abeilles ou de fourmis, ou chez les Patagoniens et les Esquimaux, nos contemporains.

.
. .

Cette phase dura cependant des milliers et des milliers d'années, et les barbares qui envahissaient l'empire romain l'avaient aussi traversée. Ils en sortaient à peine.

Aux premiers siècles de notre ère, d'immenses migrations se produisirent parmi les tribus et les confédérations de tribus qui habitaient l'Asie centrale et boréale. Des flots de peuplades, poussées par des peuples plus ou moins civilisés, descendus des hauts plateaux de l'Asie — chassés probablement par la dessiccation rapide de ces plateaux — vinrent inonder l'Europe, se poussant les unes les autres et se mélangeant les uns aux autres dans leur épanchement vers l'occident.

Durant ces migrations, où tant de tribus d'origine diverse furent mélangées, la tribu primitive qui existait encore chez la plupart des habitants sauvages de l'Europe devait nécessairement se désagréger. La tribu était basée sur la communauté d'origine, sur le culte des ancêtres communs; mais quelle communauté d'origine pouvaient invoquer ces agglomérations qui sortaient du tohu-bohu des migrations, des poussées, des guerres entre tribus, pendant lesquelles çà et là on voyait déjà surgir la famille paternelle — le noyau formé de l'accaparement par quelques-uns des femmes conquises ou enlevées chez d'autres tribus voisines?

Les liens anciens etaient brisés, et sous peine de débandade (qui eut lieu, en effet, pour mainte tribu, disparue désormais pour l'histoire), de nouveaux liens devaient surgir. Et ils surgirent. Ils furent trouvés dans la possession communale *de la terre*, — du territoire, sur lequel telle agglomération avait fini par s'arrêter.

.

La possession commune d'un certain territoire — de tel vallon, de telles collines — devint la base d'une nouvelle entente. Les dieux-ancêtres avaient perdu toute signification ; alors les dieux locaux, de tel vallon, de telle rivière, de telle forêt, vinrent donner la consécration religieuse aux nouvelles agglomérations, en se substituant aux dieux de la tribu primitive. Plus tard, le christianisme, toujours prêt à s'accommoder aux survivances païennes, en fit des saints locaux. Désormais, la commune de village, composée en partie ou entièrement de familles séparées, — tous unis, cependant, par la possession en commun de la terre, — devint, pour des siècles à venir, le trait d'union nécessaire.

Sur d'immenses territoires de l'Europe orientale, en Asie, en Afrique, elle existe encore. Les barbares qui détruisirent l'empire romain — Scandinaves, Germains, Celtes, Slaves, etc., — vivaient sous cette espèce d'organisation. Et, en étudiant les codes barbares dans le passé, ainsi que les confédérations des communes de village qui existent aujourd'hui chez les Kabyles, les Mongols, les Hindous, les Africains, etc., il a été possible de reconstituer dans son entier cette forme de société, qui représente le point de départ de notre civilisation actuelle.

Jetons donc un coup d'œil sur cette institution.

III

La commune de village se composait, comme elle se compose encore, de familles séparées. Mais les familles d'un même village possédaient la terre en commun. Elles la considéraient comme leur patrimoine commun et se la répartissaient selon la grandeur des familles — leurs besoins et leurs forces. Des centaines de millions d'hommes vivent encore sous ce régime dans l'Europe orientale, aux Indes, à Java, etc. C'est le même régime que les paysans russes ont établi, de nos jours, librement en Sibérie, lorsque l'État leur eut laissé la latitude d'occuper l'immense territoire Sibérien comme ils l'entendaient.

Aujourd'hui, la culture de la terre dans une commune villageoise se fait par chaque ménage séparément. Toute la terre arable étant divisée entre les ménages, chacun cultive son champ, comme il peut. Mais au début, la culture se faisait aussi en commun, et cette coutume se maintient encore dans beaucoup d'endroits — du moins, pour une partie des terres. Quant au déboisement, à l'éclaircissement des forêts, la construction des ponts, l'élévation des fortins et des tourelles, qui servaient de refuge en cas d'invasion — tout cela se faisait en commun, comme le font encore des centaines de millions de paysans, — là où la commune de village a résisté aux envahissements de l'Etat. Mais « la consommation », pour me servir d'une expression moderne, avait déjà lieu par familles, dont chacune avait son bétail, son potager et ses provisions. Les moyens de thésauriser et de transmettre les biens accumulés par héritage s'étaient déjà introduits.

Dans toutes ses affaires, la commune de village était souveraine. La coutume locale faisait loi, et l'assemblée plénière de tous les chefs de famille, hommes et femmes, était le juge, le seul juge, en matière civile et criminelle. Quand un des habitants, se plaignant contre un autre, avait planté son couteau en terre à l'endroit où la commune se réunissait d'ordinaire, la commune devait « trouver la sentence » selon la coutume locale, après que le fait avait été établi par les jurés des deux parties en litige.

.•.

Le temps me manquerait si je voulais vous dire tout ce que cette phase offre d'intéressant (1). Il me suffira de remarquer que *toutes* les institutions dont les Etats s'emparèrent plus tard au bénéfice des minorités, toutes les notions de droit que nous trouvons (mutilées à

(1) Pour plus amples renseignements, voyez *L'Entr'aide.*

l'avantage des minorités) dans nos codes, et toutes les formes de procédure judiciaire, en tant qu'elles offrent de garanties pour l'individu, eurent leurs origines dans la commune de village. Ainsi, quand nous croyons avoir fait un grand progrès en introduisant, par exemple, le jury, nous n'avons fait que revenir à l'institution des barbares, après l'avoir modifiée à l'avantage des classes dominantes. Le droit romain ne fit que se superposer au droit coutumier.

Le sentiment d'unité nationale se développait en même temps par de grandes fédérations libres des communes de village.

* *

Basée sur la possession, et très souvent sur la culture du sol en commun; souveraine comme juge et législateur du droit coutumier, la commune de village répondait à la plupart des besoins de l'être social.

Mais pas à tous ses besoins : il y en avait d'autres encore à satisfaire. Or, l'esprit de l'époque n'était pas d'en appeler à un gouvernement dès qu'un nouveau besoin se faisait sentir. Il était, au contraire, de prendre soi-même l'initiative pour s'unir, se liguer, se fédérer; de créer une entente, grande ou petite, nombreuse ou restreinte, qui répondît au nouveau besoin. Et la société d'alors se trouvait littéralement couverte, comme d'un réseau, de fraternités jurées, de guildes pour l'appui mutuel, de « con-jurations », dans le village et en dehors du village, dans la fédération.

Nous pouvons observer cette phase et cet esprit à l'œuvre, aujourd'hui même, chez mainte fédération barbare, restée en dehors des États modernes qui sont calqués sur le type romain ou plutôt byzantin.

Ainsi pour prendre un exemple parmi tant d'autres, les Kabyles ont maintenu leur commune de village, avec les attributions que je viens de mentionner : la terre en commun, le tribunal communal, etc. Mais l'homme sent le besoin d'action ailleurs que dans les limites étroites de son hameau. Les uns courent de par le monde, cherchant aventures en qualité de marchands. D'autres s'adonnent à un métier — « un art » — quelconque. Et ces marchands, ces artisans, s'unissent en « fraternités », alors même qu'ils appartiennent à des villages, des tribus ou des confédérations différentes. Il faut l'union pour se secourir mutuellement dans les voyages lointains ou pour se transmettre mutuellement les mystères du métier, et ils s'unissent. Ils jurent la fraternité, et ils la pratiquent d'une façon qui frappe l'Européen : réelle et non pas en paroles seulement.

Et puis, malheur peut arriver à chacun. Qui sait si demain, peut-être, dans une bagarre, tel homme, généralement doux et tranquille, ne sortira pas des limites établies de bienséance et de sociabilité? Qui sait s'il ne portera pas coups et blessures? Il faudra alors payer la compensation, très lourde, à l'injurié ou au blessé; il faudra se défendre devant l'assemblée du village et rétablir les faits sur la foi de six, dix ou douze « conjurés ». Raison de plus d'entrer dans une fraternité.

L'homme sent, en outre, le besoin de politiquer, d'intriguer peut-être, de propager telle opinion morale ou telle coutume. Il y a, enfin, la paix extérieure à sauvegarder; des alliances avec d'autres tribus à conclure; des fédérations à constituer au loin; des notions de droit intertribal à propager... Eh bien, pour satisfaire à tous ces besoins d'ordre émotionnel ou intellectuel, les Kabyles, les Mongols, les Malais ne s'adressent pas à un gouvernement : ils n'en ont pas. Hommes de droit coutumier et d'initiative individuelle, ils n'ont pas été pervertis par la corruption d'un gouvernement et d'une Eglise à tout faire. Ils s'unissent directement. Ils constituent des fraternités jurées, des sociétés politiques et religieuses, des unions de métiers — des *guildes*, comme on disait au moyen âge, des *çofs*, comme disent aujourd'hui les Kabyles. Et ces *çofs* franchissent les enceintes des hameaux; ils rayonnent au loin dans le désert et dans les cités étrangères; et la fraternité se pratique dans ces unions. Refuser d'aider un membre de son *çof*, même au risque d'y perdre tout son avoir et sa vie, — c'est faire acte de trahison envers la « fraternité », c'est être traité comme l'assassin du « frère ».

Ce que nous trouvons aujourd'hui chez les Kabyles, les Mongols, les Malais, etc., faisait l'essence même de la vie des ci-nommés barbares en Europe du ve au xiie, jusqu'au xve siècle. Sous les noms de *guildes*, d'*amitiés*, de *fraternités*, d'*universitas*, etc., les unions pullulent pour la défense mutuelle, pour venger les offenses faites à chaque membre de l'union et y répondre solidairement, pour substituer à la vengeance de « l'œil pour œil » la compensation, suivie de l'acceptation de l'agresseur dans la fraternité; pour la pratique des métiers, pour secours en cas de maladie, pour la défense du territoire; pour empêcher les empiètements de l'autorité naissante, pour le commerce, pour la pratique du « bon voisinage »; pour la propagande... pour tout, en un mot, ce que l'Européen, éduqué par la Rome des Césars et des papes, demande aujourd'hui à l'Etat. Il est même fort douteux qu'il y ait eu à cette époque un seul homme, libre ou serf — sauf ceux qui étaient mis hors la loi par leurs fraternités mêmes — qui n'ait pas appartenu à une fraternité ou guilde quelconque, en plus de sa commune.

Les *sagas* scandinaves en chantent les exploits; le dévouement des frères jurés fait le thème des plus belles poésies; tandis que l'Eglise et les rois naissants, représentants du droit byzantin (ou romain) qui reparaît, lancent contre elles leurs anathèmes et leurs ordonnances. Heureusement elles restent lettre morte.

L'histoire entière de l'époque perd sa signification; elle devient absolument incompréhensible, si l'on ne tient compte de ces fraternités, de ces unions de frères et de sœurs, qui naissent partout pour répondre aux besoins multiples de la vie économique et passionnelle de l'homme.

*
* *

Pour bien comprendre l'immense progrès accompli sous cette double institution des communes de village et des fraternités librement jurées — en dehors de toute influence romaine, chrétienne ou étatiste, — prenez l'Europe telle qu'elle fut à l'époque de l'invasion barbare, et comparez-la à ce qu'elle devint au x° et au xi° siècle. La forêt sauvage est conquise, colonisée ; des villages couvrent le pays, et ils sont entourés de champs et de haies, protégés par des fortins, reliés entre eux par des sentiers qui traversent les forêts et les marécages.

Dans ces villages vous trouvez en germe les arts industriels, et vous y découvrez tout un réseau d'institutions pour le maintien de la paix intérieure et extérieure. En cas de meurtre ou de blessures, on ne cherche plus, entre villageois, à tuer l'agresseur, ou un de ses parents ou co-villageois, ou à lui infliger une blessure équivalente, ainsi que cela se pratiquait auparavant. Ce sont plutôt les seigneurs-brigands qui s'en tiennent encore à ce principe (de là — leurs guerres sans fin) ; tandis qu'entre villageois la compensation, fixée par des arbitres, devient la règle, et après cela la paix est rétablie et l'agresseur est souvent, sinon toujours, adopté par la famille qui fut lésée par son agression.

L'arbitrage pour toutes les disputes devient une institution profondément enracinée, d'une pratique journalière, — malgré et contre les évêques et les roitelets naissants qui voudraient que chaque différend fût porté devant eux, ou devant leurs agents, afin de profiter de la *fred* — amende levée par le village sur les violateurs de la paix publique.

Et enfin des centaines de villages s'unissent déjà en puissantes fédérations, — germes des nations européennes — qui ont juré la paix intérieure, qui considèrent leur territoire comme un patrimoine commun et sont alliées pour la défense mutuelle. Jusqu'à présent encore on peut étudier ces fédérations sur le vif au sein des tribus mongoles, turco-finnoises, malayennes.

*
* *

Cependant, les points noirs s'amoncellent à l'horizon. D'autres unions, celles des minorités dominantes, se constituent aussi, et elles cherchent à transformer peu à peu ces hommes libres en serfs, en sujets. Rome est morte ; mais sa tradition revit, et l'Eglise chrétienne, hantée par les visions des théocraties orientales, donne son appui puissant aux nouveaux pouvoirs qui cherchent à se constituer.

Loin d'être la bête sanguinaire que l'on a voulu en faire pour prouver la nécessité de le dominer, l'homme a toujours aimé la tranquillité, la paix. Plutôt batailleur par moments que féroce, il préfère son bétail et sa terre au métier des armes. C'est pourquoi, à peine les grandes migrations de barbares ont-elles commencé à faiblir, à peine les hordes et les tribus se sont-elles cantonnées plus ou moins sur leurs territoires respectifs, que nous voyons les soins de la défense du territoire contre de nouvelles vagues d'émigrants confiés à quelqu'un qui engage à sa suite une petite bande d'aventuriers, d'hommes aguerris ou de brigands, pendant que la grande masse élève son bétail ou cultive le sol. Et ce défenseur commence bientôt à ramasser des richesses : il donne cheval et fer (très coûteux alors) au miséreux, et il l'asservit ; il commence à conquérir des embryons de pouvoir militaire.

D'autre part, peu à peu la tradition, qui fait loi, s'oublie par le grand nombre. Il reste à peine un vieillard qui a pu retenir dans sa mémoire les versets et les chants dans lesquels on raconte les « précédents » dont se compose la loi coutumière, et il les récite aux jours de grandes fêtes devant la commune. Et, peu à peu, quelques familles se font une spécialité, transmise de père en fils, de retenir ces chants et ces versets dans la mémoire, de conserver « la loi » dans sa pureté. Vers elles vont les villageois pour juger les différends dans des cas embrouillés, surtout lorsque deux villages ou deux confédérations refusent d'accepter les décisions des arbitres pris dans leur sein.

L'autorité princière ou royale germe déjà dans ces familles, et plus j'étudie les institutions de l'époque, plus je vois que la connaissance de la loi coutumière fit beaucoup plus pour constituer cette autorité que la force du glaive. L'homme s'est laissé asservir, bien plus par son désir de « punir » selon « la loi », que par la conquête directe militaire.

Et, graduellement, la première « concentration des pouvoirs », la première assurance mutuelle pour la domination — celle du juge et du chef militaire — se fait contre la commune du village. Un seul homme revêt ces deux fonctions. Il s'entoure d'hommes armés pour exécuter les décisions judiciaires ; il se fortifie dans sa tourelle ; il accumule dans sa famille les richesses de l'époque — pain, bétail, fer, — et peu à peu il impose sa domination aux paysans des alentours.

Le savant de l'époque, c'est-à-dire le sorcier ou le prêtre, ne tarde pas à lui prêter appui, pour partager la domination ; ou bien, joignant la force et la connaissance de la loi coutumière à son pouvoir de magicien redouté, il s'en empare pour son propre compte.

. .

Il me faudrait un cours, plutôt qu'une conférence, pour traiter à fond ce sujet, si plein d'enseignements nouveaux, et raconter comment les hommes libres devinrent graduellement des serfs, obligés de travailler pour le maître, laïque ou religieux, du château ; comment l'autorité se constitua par tâtonnements au-dessus des villages et les bourgades ; comment les paysans se liguaient, se révoltaient, luttaient pour combattre cette domination croissante ; et comment ils succombaient dans ces luttes contre les murs robustes du château, contre les hommes couverts de fer qui en tenaient la défense.

Il me suffira de dire que vers le x⁰ et le xi⁰ siècle, l'Europe semblait marcher en plein vers la constitution de ces royaumes barbares, comme on en découvre aujourd'hui au cœur de l'Afrique, ou de ces théocraties comme on en connaît par l'histoire en Orient. Cela ne pouvait se faire en un jour ; mais les germes de ces petites royautés et de ces petites théocraties étaient déjà là ; ils s'affirmaient de plus en plus...

Heureusement, l'esprit « barbare » — scandinave, saxon, celte, germain, slave, — qui avait poussé les hommes pendant sept à huit siècles à chercher la satisfaction de leurs besoins dans l'initiative individuelle et dans la libre entente des fraternités et des guildes — heureusement cet esprit vivait encore dans les villages et les bourgades. Les barbares se laissaient asservir, ils travaillaient pour le maître, mais leur esprit de libre action et de libre entente ne s'était pas encore laissé corrompre. Leurs fraternités vivaient plus que jamais, et les croisades n'avaient fait que les réveiller et développer en Occident.

Alors, la révolution des communes urbaines, issues de l'union entre la commune de village et la fraternité jurée, — révolution qui se préparait de longue date par l'esprit fédératif de l'époque, — éclata aux xi⁰ et xii⁰ siècles avec un ensemble frappant en Europe.

Cette révolution, que la masse des historiens universitaires préfère ignorer, vint sauver l'Europe de la calamité qui la menaçait. Elle arrêta l'évolution des royaumes théocratiques et despotiques, dans lesquels notre civilisation eût probablement fini par sombrer, après quelques siècles de pompeux épanouissement, comme sombrèrent les civilisations de Mésopotamie, d'Assyrie, de Babylone. Elle ouvrit une nouvelle phase de vie — la phase des communes libres.

IV

On comprend facilement pourquoi les historiens modernes, éduqués dans l'esprit romain, et cherchant à faire remonter toutes les institutions jusqu'à Rome, ont tant de peine à comprendre l'esprit du mouvement communaliste du xii⁰ siècle. Affirmation virile de l'individu, qui arrive à constituer la société par la libre fédération des hommes, des villages, des cités, ce mouvement fut une négation abso-

lue de l'esprit unitaire et centralisateur romain, par lequel on cherche à expliquer l'histoire dans notre enseignement universitaire. Il ne se rattache non plus à aucune personnalité historique, ni à aucune institution centrale.

. C'est une croissance naturelle, appartenant, comme la tribu et la commune de village, à une certaine phase de l'évolution humaine, et non pas à telle nation ou telle région.

C'est pourquoi la science universitaire ne la saisit pas, et c'est pourquoi Augustin Thierry et Sismondi qui, eux, avaient compris l'esprit de l'époque, n'ont pas eu de continuateurs en France, où Luchaire est encore seul aujourd'hui à reprendre plus ou moins la tradition du grand historien des époques mérovingienne et communaliste. C'est pourquoi encore, en Angleterre et en Allemagne, le réveil des études sur cette période, et une vague compréhension de son esprit, sont d'origine toute récente.

.·.

La commune du moyen âge, la cité libre, tire son origine, d'une part, de la commune de village et, d'autre part, de ces mille fraternités et guildes qui furent constituées en dehors de l'union territoriale. Fédération entre ces deux sortes d'unions, elle s'affirme sous la protection de son enceinte fortifiée et de ses tourelles.

Dans mainte région, elle fut une croissance naturelle. Ailleurs, — et c'est la règle pour l'Europe occidentale, — elle fut le résultat d'une révolution. Lorsque les habitants de telle bourgade se sentaient suffisamment protégés par leurs murs, ils faisaient une « con-juration ». Ils se prêtaient mutuellement serment d'abandonner toutes les affaires pendantes concernant les insultes, les batteries ou les blessures, et ils juraient, dans les querelles qui surgiraient désormais, de ne jamais plus recourir à un autre juge que les syndics qu'ils nommeraient eux-mêmes. Dans chaque guilde d'art ou de bon voisinage, dans chaque fraternité jurée, c'était depuis longtemps la pratique régulière. Dans chaque commune de village, telle avait été la pratique autrefois, avant que l'évêque ou le roitelet eût réussi à y introduire, et plus tard à y imposer, son juge.

Maintenant, les hameaux et les paroisses dont se composait la bourgade, ainsi que toutes les guildes et fraternités qui s'y étaient développées, se considéraient comme une seule *amitas*, nommaient leurs juges et juraient l'union permanente entre tous ces groupes.

Une charte était vite bâclée et acceptée. Au besoin, on envoyait copier la charte de quelque petite commune voisine (on connaît aujourd'hui des centaines de ces chartes), et la commune était constituée. L'évêque ou le prince, qui avait été jusque-là le juge dans la commune, et souvent en était devenu plus ou moins le maître, n'avait alors qu'à reconnaître le fait accompli — ou bien combattre la jeune conjuration avec les armes. Souvent le roi — c'est-à-dire le prince qui cherchait à se donner de la supériorité sur d'autres princes et dont les coffres étaient toujours vides — « octroyait » la charte, moyennant finances. Il renonçait ainsi à vouloir imposer *son* juge à la commune, tout en se donnant de l'importance vis-à-vis d'autres seigneurs féodaux. Mais ce n'était nullement la règle : des centaines de communes vivaient sans autre sanction que leur bon vouloir, leurs murailles et leurs lances.

.·.

En cent ans ce mouvement se répandit, avec un ensemble frappant, dans toute l'Europe, — par imitation, remarquez-le bien, englobant l'Ecosse, la France, les Pays-Bas, la Scandinavie, l'Allemagne, l'Italiet la Pologne, la Russie. Et quand nous comparons aujourd'hui les chartes et l'organisation intérieure des communes françaises, anglaises écossaises, néerlandaises, scandinaves, allemandes, polonaises, russes, suisses, italiennes ou espagnoles, nous sommes frappés par la presque, identité de ces chartes et de l'organisation qui grandit à l'abri de ces « contrats sociaux ». Quelle leçon frappante pour les romanistes et les hégéliens qui ne connaissent d'autre moyen, pour obtenir la similarité dans les institutions, que la servitude devant la loi !

De l'Atlantique jusqu'au cours moyen du Volga, et de la Norvège à l'Italie, l'Europe se couvrait de pareilles communes — les unes devenant des cités populeuses comme Florence, Venise, Nuremberg ou Novgorod, les autres restant des bourgades d'une centaine ou même d'une vingtaine de familles, et néanmoins traitées en égales par leurs sœurs plus prospères.

Organismes pleins de sève, les communes se différenciaient évidemment dans leur évolution. La position géographique, le caractère du commerce extérieur, les résistances à vaincre au dehors, donnaient à chaque commune son histoire. Mais pour toutes le principe est le même. Pskov en Russie et Bruges en Hollande, un bourg écossais de trois cents habitants et la riche Venise avec ses îles, une bourgade du nord de la France ou de la Pologne et Florence la Belle représentent la même *amitas* : la même amitié des communes de village et des guildes associées ; leur constitution, dans ses traits généraux, est la même.

.·.

Généralement, la ville, dont l'enceinte grandit en longueur et en épaisseur avec la population, et se flanque de tours de plus en plus hautes, élevées, chacune, par tel quartier ou telle guilde et portant son cachet individuel, — généralement, dis-je, la ville est divisée en quatre, cinq ou six sections, ou secteurs qui rayonnent de la citadelle vers les murs. De préférence ces secteurs sont habités, chacun, par un « art » ou métier, tandis que les nouveaux métiers — les « arts jeunes » — occupent les faubourgs qui seront bientôt entourés d'une nouvelle enceinte fortifiée.

La *rue*, ou la paroisse, représente l'unité territoriale qui répond à l'ancienne commune de village. Chaque rue, ou paroisse, a son assemblée populaire, son forum, son tribunal populaire, son prêtre, sa milice, sa bannière, et souvent son sceau, symbole de la souveraineté. Fédérée avec d'autres rues, elle garde néanmoins son indépendance.

L'unité professionnelle, qui se confond souvent, ou à peu près, avec le quartier ou le secteur, est la guilde — l'union de métier. Celle-ci a aussi ses saints, son assemblée, son forum, ses juges. Elle a sa caisse, sa propriété foncière, sa milice et sa bannière. Elle a aussi son sceau et elle aussi reste souveraine. En cas de guerre, sa milice marchera, si elle le juge convenable, pour joindre son contingent à celui des autres guildes et planter sa bannière à côté de la grande bannière, ou *le carrosse*, de la cité.

La cité, enfin, c'est l'union des quartiers, des rues, des paroisses et des guildes, et elle a son assemblée plénière au grand forum, son grand beffroi, ses juges élus, sa bannière pour rallier les milices des guildes et des quartiers. Elle traite en souveraine avec d'autres cités, se fédère avec qui elle veut, conclut des alliances nationales, ou en dehors de sa nation. Ainsi les « Cinque Ports » anglais autour de Douvres sont fédérés avec des ports français et néerlandais de l'autre côté de la Manche; la Novgorod russe est l'alliée de la Hansa scandinavo-germanique et ainsi de suite. Dans ses relations extérieures, chaque cité possède tous les attributs de l'Etat moderne, et dès cette époque se constitue, par contrats libres, ce qu'on connaîtra plus tard comme le droit international, placé sous la sanction de l'opinion publique de toutes les cités, et plus souvent violé que respecté plus tard par les Etats.

Que de fois telle cité, ne pouvant « trouver la sentence » dans tel cas compliqué, envoie « chercher la sentence » chez une cité voisine! Que de fois cet esprit dominant de l'époque — l'arbitrage, plutôt que l'autorité du juge — se manifeste dans le fait de deux communes prenant une troisième pour arbitre!

* *

Les métiers agissent de même. Ils traitent leurs affaires de commerce et de métier par-dessus leurs cités et font leurs traités, sans tenir compte de la nationalité. Et lorsque, dans notre ignorance, nous parlons avec gloriole de nos congrès internationaux d'ouvriers, nous oublions que des congrès internationaux de métiers, et même d'apprentis, se tenaient déjà au xve siècle.

Enfin, la cité, ou bien se défend elle-même contre les agresseurs et

conduit elle-même ses guerres acharnées contre les seigneurs féodaux
des alentours, en nommant chaque année un ou plutôt deux comman-
dants militaires de ses milices; ou bien elle accepte un « défenseur
militaire » — un prince, un duc, qu'elle choisit elle-même pour un an,
et renvoie quand bon lui semble. Elle lui livre, généralement, pour
l'entretien de ses soldats, le produit des amendes judiciaires; mais
elle lui défend de s'immiscer dans les affaires de la cité. Ou bien enfin,
trop faible pour s'émanciper en entier de ses voisins, les vautours
féodaux, elle gardera pour défenseur militaire plus ou moins permanent son évêque, ou un prince de telle famille — guelfe ou gibeline
en Italie, famille de Rurik en Russie, ou d'Olgerd en Lithuanie, —
mais elle veillera avec jalousie à ce que l'autorité du prince ou de
l'évêque ne dépasse pas les hommes campés au château. Elle lui défen-
dra même d'entrer, sans permission dans la ville. Vous savez, sans
doute, que jusqu'à présent la reine d'Angleterre ne peut entrer dans
la cité de Londres sans la permission du lord maire de la cité.

* *

Je voudrais vous parler longuement de la vie économique des cités
du moyen âge; mais je suis forcé de la passer sous silence. Elle fut
si variée qu'elle demanderait d'assez longs développements. Il suffira
de remarquer seulement que le commerce intérieur se faisait toujours
par les guildes — non par les artisans isolés — les prix étant fixés
par entente mutuelle; qu'au commencement de cette période, le commerce extérieur se faisait, *exclusivement* par la cité; que plus tard
seulement il devint le monopole de la guilde des marchands et, plus
tard encore, des individus isolés; que jamais on ne travaillait le diman-
che ni l'après-midi du samedi (jour de bain); enfin, que l'approvisionnement des denrées principales se faisait toujours par la cité. Cet
usage s'est maintenu, en Suisse, pour le blé, jusqu'au milieu du
xix° siècle. En somme, il est prouvé par une masse immense de documents de toute sorte que jamais l'humanité n'a connu, ni avant ni
après, une période de bien-être relatif aussi bien assuré à tous qu'il le
fut dans les cités du moyen âge. La misère, l'incertitude et le sur-travail actuels y furent absolument inconnus.

V

Avec ces éléments, — la liberté, l'organisation du simple au com-
posé, la production et l'échange par les métiers (les guildes), le commerce étranger mené par la cité entière, et non pas par des particu-

liers, et l'achat des provisions fait par la cité, pour les distribuer aux citoyens au prix de revient, — avec ces éléments, les villes du moyen âge, pendant les deux premiers siècles de leur vie libre, devinrent des centres de bien-être pour tous les habitants, des centres d'opulence et de civilisation, comme on n'en a plus revu dès lors.

Que l'on consulte les documents qui permettent d'établir le taux de rémunération du travail, comparé au prix des denrées, — Rogers l'a fait pour l'Angleterre et un grand nombre d'écrivains allemands l'ont fait pour l'Allemagne, — et l'on voit que le travail de l'artisan, et même du simple journalier, était rémunéré à cette époque à un taux qui n'est pas atteint de nos jours, même pour l'élite ouvrière. Les livres de comptes de l'Université d'Oxford et de certaines propriétés anglaises, ceux d'un grand nombre de villes allemandes et suisses, sont là pour le témoigner.

Que l'on considère, d'autre part, le fini artistique et la quantité de travail décoratif que l'ouvrier mettait alors, aussi bien dans les belles œuvres d'art qu'il produisait, que dans les choses les plus simples de la vie domestique, — une grille, un chandelier, une poterie, — et l'on voit que dans son travail il ne connaissait pas la presse, la hâte, le sur-travail de notre époque; qu'il pouvait forger, sculpter, tisser, broder à loisir — comme un très petit nombre seulement d'ouvriers-artistes parmi vous peuvent le faire de nos jours.

Et que l'on parcoure enfin les donations faites aux églises et aux maisons communes de la paroisse, de la guilde ou de la cité, soit en œuvres d'art — en panneaux décoratifs, en sculptures, en métal forgé ou coulé, — soit en argent, et l'on comprend quel degré de bien-être ces cités surent réaliser dans leur sein; on conçoit l'esprit de recherche et d'invention qui y régnait, le souffle de liberté qui inspirait leurs œuvres, le sentiment de solidarité fraternelle qui s'établissait dans ces guildes, où les hommes d'un même métier étaient liés, non pas seulement par le côté mercantile ou technique du métier, mais par des liens de sociabilité, de fraternité. N'était-ce pas en effet la loi de la guilde que deux frères devaient veiller au lit de chaque frère malade, — usage qui demandait certes du dévouement à ces époques de maladies contagieuses et de pestes, — le suivre jusqu'au tombeau, prendre soin de sa veuve et de ses enfants?

La misère noire, l'abaissement, l'incertitude du lendemain pour le grand nombre, l'isolement dans la pauvreté, qui caractérisent nos cités modernes, étaient absolument inconnus dans ces « oasis, libres, surgies au xiiᵉ siècle au milieu de la forêt féodale ».

.•.

Dans ces cités, à l'abri des libertés conquises, sous l'impulsion de l'esprit de libre entente et de libre initiative, toute une civilisation nouvelle grandit et atteint un épanouissement tel, qu'on n'en a pas vu de pareil dans l'histoire jusqu'à nos jours.

Toute l'industrie moderne nous vient de ces cités. En trois siècles, les industries et les arts y arrivèrent à une si grande perfection que notre siècle n'a su les surpasser qu'en rapidité de la production, mais rarement en qualité, et très rarement en beauté du produit. Tous les arts que nous cherchons en vain à ressusciter aujourd'hui, — la beauté de Raphaël, la vigueur et l'audace de Michel-Ange, la science et l'art de Léonard de Vinci, la poésie et la langue de Dante, l'architecture enfin, à laquelle nous devons les cathédrales de Laon, de Reims, de Cologne, — « le peuple en fut le maçon », a si bien dit Victor Hugo — les trésors de beauté de Florence et de Venise, les hôtels de ville de Brème et de Prague, les tours de Nuremberg et de Pise, et ainsi de suite à l'infini, — tout cela fut le produit de cette période.

Voulez-vous mesurer les progrès de cette civilisation d'un seul coup d'œil? Comparez le dôme de Saint-Marc de Venise à l'arche rustique des Normands, les peintures de Raphaël aux broderies des tapis de Bayeux, les instruments mathématiques et physiques et les horloges de Nuremberg aux horloges de sable des siècles précédents, la langue sonore de Dante au latin barbare du xᵉ siècle... Un monde nouveau est éclos entre les deux !

.˙.

Jamais, à l'exception de cette autre période glorieuse — toujours des cités libres — de la Grèce antique, l'humanité n'avait fait un tel pas en avant. Jamais, en deux ou trois siècles, l'homme n'avait subi une modification si profonde ni étendu ainsi son pouvoir sur les forces de la nature...

Vous pensez peut être à la civilisation de notre siècle dont on ne cesse de vanter les progrès? Mais en chacune de ses manifestations elle n'est que la fille de la civilisation grandie au sein des communes libres. Toutes les grandes découvertes qui ont fait la science moderne, — le compas, l'horloge, la montre, l'imprimerie, les découvertes maritimes, la poudre à canon, les lois de la chute des corps, la pression de l'atmosphère, dont la machine à vapeur ne fut qu'un développement, les rudiments de la chimie, la méthode scientifique déjà indiquée par Roger Bacon et pratiquée dans les universités italiennes, — d'où vient tout cela, si ce n'est des cités libres, de la civilisation qui fut développée à l'abri des libertés communales?

Mais on dira, peut-être, que j'oublie les conflits, les luttes intestines, dont l'histoire de ces communes est remplie, le tumulte dans la rue, les batailles acharnées soutenues contre les seigneurs, les insur-

rections des « arts jeunes » contre les « arts anciens, » le sang versé
et les représailles dans ces luttes...

Eh bien, non, je n'oublie rien. Mais, comme Léo et Botta, — les
deux historiens de l'Italie médiévale, — comme Sismondi, comme
Ferrari, Gino Capponi, et tant d'autres, je vois que ces luttes furent
la garantie même de la vie libre dans la cité libre. J'aperçois un renouveau, un nouvel élan vers le progrès après chacune de ces luttes.
Après avoir raconté en détail ces luttes et ces conflits, et après avoir
mesuré aussi l'immensité des progrès réalisés pendant que ces luttes
ensanglantaient la rue, — le bien-être assuré à tous les habitants, la
civilisation renouvelée, — Léo et Botta concluaient par cette pensée
si juste, qui me revient fréquemment à l'idée ; je voudrais la voir gra-
vée dans l'esprit de chaque révolutionnaire moderne :

« Une commune, disaient-ils, ne présente l'image d'un tout moral,
ne se montre universelle dans sa manière d'être, comme l'esprit
humain lui-même, *que lorsqu'elle a admis en elle le conflit, l'opposi-
tion.* »

Oui, le conflit, librement débattu, sans qu'un pouvoir extérieur,
l'Etat, vienne jeter son immense poids dans la balance, en faveur
d'une des forces qui sont en lutte.

Comme ces deux auteurs, je pense aussi que l'on a causé souvent
« beaucoup plus de maux en *imposant* la paix, parce que l'on alliait
« ensemble des choses contraires, en voulant créer un ordre politique
« général, et en sacrifiant les individualités et les petits organismes,
« pour les absorber dans un vaste corps sans couleur et sans vie. »

Voilà pourquoi les communes, — tant qu'elles ne cherchèrent pas
elles-mêmes à devenir des Etats et à imposer autour d'elles « la soumission dans un vaste corps sans couleur et sans vie » — voilà pourquoi elles grandissaient, sortaient rajeunies de chaque lutte et floris-
saient au cliquetis des armes dans la rue ; tandis que, deux siècles
plus tard, cette même civilisation s'effondrait au bruit des guerres
enfantées par les Etats.

Dans la commune, la lutte était pour la conquête et le maintien de
la liberté de l'individu, pour le principe fédératif, pour le droit de
s'unir et d'agir ; tandis que les guerres des Etats avaient pour but
d'anéantir ces libertés, de soumettre l'individu, d'annihiler la libre
entente, d'unir les hommes dans une même servitude vis-à-vis le roi,
le juge, le prêtre, — l'Etat.

Là gît toute la différence. Il y a les luttes et les conflits qui tuent.
Et il y a ceux qui lancent l'humanité en avant.

VI

Dans le courant du xvi⁰ siècle, des barbares modernes viennent détruire toute cette civilisation des cités du moyen âge. Ces barbares ne l'anéantissent peut-être pas, mais ils l'arrêtent, du moins, dans sa marche pour deux ou trois siècles. Ils la lancent dans une nouvelle direction.

Ils assujettissent l'individu, ils lui enlèvent toutes ses libertés, ils lui demandent d'oublier les unions qu'il basait autrefois sur la libre initiative et la libre entente. Leur but est de niveler la société entière dans une même soumission au maître. Ils détruisent tous les liens entre hommes, en déclarant que l'Etat et l'Eglise, seuls, doivent désormais former l'union entre sujets ; que, seuls, l'Eglise et l'Etat ont mission de veiller aux intérêts industriels, commerciaux, judiciaires, artistiques, passionnels, pour lesquels les hommes du xii⁰ siècle avaient coutume de s'unir directement.

Et qui sont ces barbares ? — C'est l'Etat : la Triple-Alliance, enfin constituée, du chef militaire, du juge romain et du prêtre — les trois formant une assurance mutuelle pour la domination, les trois unis dans une même puissance qui commandera au nom des intérêts de la société — et écrasera cette société.

.•.

On se demande, naturellement, comment ces nouveaux barbares ont pu avoir raison des communes, jadis si puissantes ? Où ont-ils puisé la force pour la conquête ?

Cette force, ils l'ont trouvée, tout d'abord, au village. Tout comme les communes de la Grèce antique, qui ne surent pas abolir l'esclavage, de même les communes du moyen âge ne surent pas affranchir le paysan du servage, en même temps que le citadin.

Il est vrai que presque partout, au moment de son affranchissement, le citadin — artisan-cultivateur lui-même — avait cherché à entraîner la campagne, à lui aider pour son affranchissement. Pendant deux siècles, les citadins, en Italie, en Espagne, en Allemagne, avaient soutenu une guerre acharnée contre les seigneurs féodaux. Des prodiges d'héroïsme et de persévérance furent déployés par les bourgeois dans cette guerre aux châteaux. Ils se saignaient à blanc pour se rendre maîtres des châteaux du féodalisme et abattre la forêt féodale qui les enveloppait.

Mais ils n'y réussirent qu'à moitié. De guerre lasse, ils conclurent enfin la paix par-dessus la tête du paysan. Ils le livrèrent au seigneur, en dehors du territoire conquis par la commune, pour acheter la paix. En Italie, en Allemagne, ils finirent par accepter le seigneur combourgeois, à condition qu'il vînt résider dans la commune. Ailleurs, ils finirent par partager sa domination sur le paysan. Et le seigneur se vengea de ce bas peuple, qu'il haïssait et méprisait, en ensanglantant ses rues par les luttes et la vengeance de familles seigneuriales, qui ne portaient pas leurs différends devant les syndics et juges communaux, mais les décidaient par l'épée, dans la rue, en lançant une partie des communaux contre une autre.

Le seigneur démoralisa aussi la commune par ses largesses, ses intrigues, son train de vie seigneurial, son éducation reçue à la cour de l'évêque ou du roi. Il lui fit épouser ses luttes. Et le bourgeois finit par imiter le seigneur : il devint seigneur à son tour, s'enrichissant, lui aussi, du labeur des serfs parqués dans les villages.

Après quoi, le paysan prêta main-forte aux rois, aux empereurs, aux tsars naissants et aux papes quand ils se mirent à construire leurs royaumes et à assujettir les villes. Là où le paysan ne marcha pas sous leurs ordres, il les laissa faire.

.•.

C'est à la campagne, dans un château fort, situé au milieu de populations campagnardes, que se constituait lentement la royauté. Au XIIᵉ siècle, elle n'existait que de nom, et nous savons aujourd'hui ce qu'il faut penser des gueux, chefs de petites bandes de brigands qui s'ornaient de ce nom : un nom qui, d'ailleurs — Augustin Thierry l'a si bien démontré — ne voulait pas dire grand'chose à cette époque.

Lentement, par tâtonnements, un baron plus puissant ou plus rusé que les autres réussissait, çà et là, à s'élever au-dessus de ses confrères. L'Eglise s'empressait de l'appuyer. Et, par la force, la ruse, l'argent, le glaive et le poison en cas de besoin, un de ces barons féodaux grandissait aux dépens des autres. Mais ce ne fut jamais dans aucune des cités libres, qui avaient leur forum bruyant, leur roche Tarpéienne, ou leur fleuve pour les tyrans, que l'autorité royale réussit à se constituer : ce fut dans des villes grandies au sein de la campagne.

Après avoir vainement cherché à constituer cette autorité à Reims ou à Lyon, ce fut à Paris, — agglomération de villages et de bourgs entourés de riches campagnes, qui n'avaient pas encore connu la vie des cités libres ; ce fut à Westminster, aux portes de la populeuse cité de Londres ; ce fut dans le Kremlin, bâti au sein de riches villages sur les bords de la Moskva, après avoir échoué à Souzdal et à Vladimir, — mais jamais à Novgorod ou Pskov, à Nuremberg, à Laon ou à Florence — que l'autorité royale fut consolidée.

Les paysans des alentours leur fournissaient le blé, les chevaux et les hommes, et le commerce — royal, non communal — accroissait leurs richesses. L'Eglise les entoura de ses soins. Elle les protégea, leur vint au secours avec ses coffres-forts, leur inventa le saint de la localité et ses miracles. Elle entoura de sa vénération la Notre-Dame de Paris ou la Vierge d'Ibérie à Moscou. Et, pendant que la civilisation des cités libres, émancipées des évêques, prenait son élan juvénile, l'Eglise travailla âprement à reconstituer son autorité par l'intermédiaire de la royauté naissante, en entourant de ses soins, de son encens et de ses écus le berceau royal de celui qu'elle avait choisi finalement pour refaire avec lui, par lui, son autorité ecclésiastique. A Paris, à Moscou, à Madrid, à Prague, vous la voyez penchée sur le berceau de la royauté, sa torche allumée à la main.

Apre à la besogne, forte de son éducation étatiste, s'appuyant sur l'homme de volonté ou de ruse qu'elle va prendre dans n'importe quelle classe de la société, versée dans l'intrigue et versée dans le droit romain et byzantin — vous la voyez marcher sans relâche vers son idéal : le roi hébraïque, absolu, mais obéissant au grand prêtre — le bras séculier aux ordres du pouvoir ecclésiastique.

Au xvi⁰ siècle, ce lent travail des deux conjurés est déjà en pleine vigueur. Un roi domine déjà les autres barons, ses rivaux, et cette force viendra s'abattre sur les cités libres pour les écraser à leur tour.

*
* *

D'ailleurs, les villes du xvi⁰ siècle n'étaient plus ce qu'elles avaient été aux xii⁰, xiii⁰ et xiv⁰ siècles.

Elles étaient nées de la révolution libertaire. Mais elles n'eurent pas le courage d'étendre leurs idées d'égalité aux campagnes voisines, pas même à ceux qui étaient venus s'établir plus tard dans leurs enceintes, asiles de liberté, pour y créer les arts industriels.

Une distinction entre les vieilles familles qui avaient fait la révolution du xii⁰ siècle, ou « les familles » tout court, et ceux qui vinrent s'établir plus tard dans la cité, se rencontre dans toutes les villes. La vieille « guilde des marchands » n'entend pas recevoir les nouveaux-venus. Elle refuse de s'incorporer les « arts jeunes » pour le commerce. Et, de simple commis de la cité qu'elle était autrefois, lorsqu'elle faisait le commerce étranger pour toute la cité, elle devient l'entremetteur qui s'enrichit pour son compte dans le commerce lointain. Elle importe le faste oriental et, plus tard, s'allie au seigneur combourgeois et au prêtre; ou bien, elle va chercher appui chez le roi naissant, pour maintenir son droit à l'enrichissement, son monopole commercial. Devenu personnel, le commerce tue la libre cité.

Les guildes des anciens métiers dont se composait au début la cité et son gouvernement ne veulent pas reconnaître non plus les mêmes droits aux jeunes guildes, formées plus tard par les jeunes métiers. Ceux-ci doivent conquérir leurs droits par une révolution. Et c'est ce qu'ils font, partout. Mais si cette révolution devient, pour la plupart, le point de départ d'un renouveau de toute la vie et de tous les arts (cela se voit si bien à Florence), dans d'autres cités elle se termine par la victoire du *popolo grasso* sur le *popolo basso* — par un écrasement, par des déportations en masse, des exécutions, surtout quand les seigneurs et les prêtres s'en mêlent.

Et, faut-il le dire, c'est la défense du « bas peuple » que le roi prendra pour prétexte, afin d'écraser le « peuple gras » et les subjuguer les uns et les autres, lorsqu'il se sera rendu maître de la cité !

.•.

Et puis, les cités devaient mourir, puisque les *idées mêmes des hommes avaient changé*. L'enseignement du droit canonique et du droit romain avait perverti les esprits.

L'Européen du XIIe siècle était essentiellement fédéraliste. Homme de libre initiative, de libre entente, d'unions voulues et librement consenties, il voyait en lui-même le point de départ de toute société. Il ne cherchait pas son salut dans l'obéissance ; il ne demandait pas un sauveur de la société. L'idée de discipline chrétienne et romaine lui était inconnue.

Mais, sous l'influence de l'Eglise chrétienne — toujours amoureuse d'autorité, toujours jalouse d'imposer sa domination sur les âmes et surtout sur le travail des fidèles ; et, d'autre part, sous l'influence du droit romain qui déjà, dès le XIIe siècle, fait ravage à la cour des puissants seigneurs, rois et papes, et devient bientôt l'étude favorite dans les universités — sous l'influence de ces deux enseignements, qui s'accordent si bien, quoique ennemis acharnés à l'origine, les esprits se dépravent à mesure que le prêtre et le légiste triomphent.

L'homme devient amoureux de l'autorité. Une révolution des bas métiers s'accomplit-elle dans une commune, la commune appelle un sauveur. Elle se donne un dictateur, un César municipal, et elle lui accorde pleins pouvoirs pour exterminer le parti opposé. Et il en profite, avec tous les raffinements de cruauté que lui souffle l'Eglise ou les exemples rapportés des royaumes despotiques de l'Orient.

L'Eglise l'appuie sans doute. N'a-t-elle pas toujours rêvé le roi biblique, qui s'agenouillera devant le grand-prêtre et en sera l'instrument docile? N'a-t-elle pas haï de toute sa force ces idées de rationalisme qui soufflaient dans les villes libres lors de la première Renaissance, celle du XIIe siècle; n'a-t-elle pas maudit ces idées « païennes » qui ramenaient l'homme à la nature sous l'influence de la re-découverte de la civilisation grecque? et plus tard, n'a-t-elle pas fait étouffer par les princes ces idées, qui, au nom du christianisme primitif, soulevaient les hommes contre le pape, le prêtre et le culte en général? Le feu, la roue, le gibet — ces armes si chères de tout temps à l'Eglise —

furent mis en jeu contre ces hérétiques. Quel que soit l'instrument : pape, roi ou dictateur — peu lui importe pourvu que le feu, la roue et le gibet fonctionnent contre ses ennemis.

Et sous ce double enseignement du légiste romain et du prêtre, l'esprit fédéraliste, l'esprit d'initiative et de libre entente se mourait, pour faire place à l'esprit de discipline, d'organisation pyramidale, autoritaire. Le riche et la plèbe demandaient, l'un et l'autre, un sauveur.

Et lorsque le sauveur se présenta ; lorsque le roi, enrichi loin du tumulte du forum, dans quelque ville de sa création, appuyé sur la richissime Eglise et suivi de nobles conquis et de paysans, frappa aux portes des cités, promettant au « bas peuple » sa haute protection contre les riches, et aux riches obéissants sa protection contre les pauvres révoltés — les villes, rongées elles-mêmes déjà par le chancre de l'autorité, n'eurent plus la force de lui résister.

.·.

Et puis, les Mongols avaient conquis et dévasté l'Europe orientale au xiiie siècle, et un empire se constituait là bas, à Moscou, sous la protection des khans tartares et de l'Eglise chrétienne russe. Les Turcs étaient venus s'implanter en Europe et poussaient, en 1453, jusqu'à Vienne, dévastant tout sur leur passage. Des Etats puissants se constituaient en Pologne, en Bohême, en Hongrie, au centre de l'Europe... Tandis qu'à l'autre extrémité, la guerre d'extermination menée contre les Maures en Espagne permettait à un autre empire puissant de se constituer en Castille et Aragon, appuyé sur l'Eglise romaine et l'inquisition — sur le glaive et le bûcher.

Ces invasions et ces guerres amenaient forcément l'Europe à entrer dans une nouvelle phase — celle des Etats militaires.

Puisque les communes elles-mêmes devenaient de petits Etats, ces petits Etats, forcément, devaient être engloutis par les grands...

VII

La victoire de l'Etat sur les communes du moyen âge et les institutions fédéralistes de l'époque ne fut cependant pas immédiate. Un moment, elle fut menacée au point même de devenir douteuse.

Un immense mouvement populaire — religieux quant à sa forme et ses expressions, mais éminemment égalitaire et communiste dans ses aspirations — se produisit dans les villes et les campagnes de l'Europe centrale.

Déjà, au xiv° siècle (en 1358 en France et en 1381 en Angleterre), deux grands mouvements semblables avaient eu lieu. Les deux puissants soulèvements de la Jacquerie et de Wat Tyler avaient secoué la société jusque dans ses fondements. L'un et l'autre, cependant, avaient été dirigés principalement contre les seigneurs, et quoique vaincus l'un de l'autre, ils brisèrent la puissance féodale. Le soulèvement des paysans en Angleterre mit fin au servage, et la Jacquerie, en France, l'enraya tellement dans son développement, que désormais l'institution du servage ne pouvait plus que végéter sans jamais atteindre le développement qu'elle attint plus tard en Allemagne et dans l'Europe orientale.

.·.

Maintenant, au xvi° siècle, un mouvement similaire se produisait au centre de l'Europe. Sous le nom de soulèvement hussite en Bohême, d'anabaptisme en Allemagne, en Suisse et aux Pays-Bas, ce fut — en plus de la révolte contre le seigneur — une révolte complète contre l'Etat et l'Eglise, contre le droit romain et canonique, au nom du christianisme primitif (1).

Longtemps travesti par les historiens étatistes et ecclésiastiques, ce mouvement commence à peine à être compris aujourd'hui.

La liberté absolue de l'individu, qui ne doit obéir qu'aux seuls commandements de sa conscience, et le communisme furent le mot d'ordre de ce soulèvement. Et ce ne fut que plus tard, après que l'Etat et l'Eglise réussirent à exterminer ses plus ardents défenseurs, et à l'escamoter à leur profit, que ce mouvement, rapetissé et privé de son caractère révolutionnaire, devint la Réforme de Luther.

Il commença par l'anarchisme communiste, prêché et mis en pratique en quelques endroits. Et si l'on passe outre aux formules religieuses, qui furent un tribut à l'époque, on y trouve l'essence même du courant d'idées que nous représentons en ce moment : la négation de toutes les lois, de l'Etat ou divines, — la conscience de chaque individu devant être sa seule et unique loi ; la commune, maîtresse absolue de ses destinées, reprenant aux seigneurs toutes les terres et refusant toute redevance personnelle ou en argent à l'Etat ; le communisme enfin et l'égalité mis en pratique. Aussi, quand on demandait à Denck, un des philosophes du mouvement anabaptiste, s'il ne reconnaissait cependant pas l'autorité de la Bible, il répondait que, seule, la règle de conduite que chaque individu trouve, *pour soi*, dans la Bible, lui est obligatoire. Et cependant, ces formules mêmes, si vagues, empruntées au jargon ecclésiastique, — cette autorité « du livre »,

(1) Les « temps bouleversés », en Russie, au commencement du xvii° siècle, représentent un mouvement analogue, dirigé contre le servage de l'Etat, mais sans base religieuse.

auquel on emprunte si facilement des arguments pour et contre le communisme, pour et contre l'autorité, et si indécis quand il s'agit de nettement affirmer la liberté, — cette tendance même religieuse ne renfermait-elle pas déjà en germe la défaite certaine du soulèvement ?

.·.

Né dans les villes, ce mouvement s'étendit bientôt aux campagnes. Les paysans refusaient d'obéir à qui que ce soit et, plantant un vieux soulier sur une pique en guise de drapeau, reprenaient les terres aux seigneurs, brisaient les liens du servage, chassaient prêtre et juge, se constituaient en communes libres. Et ce ne fut que par le bûcher, la roue et le gibet, ce ne fut qu'en massacrant plus de cent mille paysans en quelques années, que le pouvoir royal ou impérial, allié à celui de l'Eglise papale ou réformée — Luther poussant au massacre des paysans plus violemment encore que le pape, — mit fin à ces soulèvements qui avaient menacé un moment la constitution des Etats naissants.

Née de l'anabaptisme populaire, la réforme luthérienne, appuyée sur l'Etat, massacra le peuple et écrasa le mouvement auquel elle avait emprunté sa force à son origine. Les débris de cette vague immense se réfugièrent dans les communautés des « Frères Moraves », qui, à leur tour, furent détruites cent ans plus tard par l'Eglise et l'Etat. Ceux d'entre eux qui ne furent pas exterminés allèrent chercher asile, les uns au sud-est de la Russie, les autres au Groenland, où ils purent continuer jusqu'à nos jours à vivre en communautés, refusant tout service à l'Etat.

.·.

Désormais, l'Etat était assuré de son existence. Le légiste, le prêtre et le seigneur-soldat, constitués en une alliance solidaire autour des trônes, pouvaient poursuivre leur œuvre d'annihilation.

Que de mensonges, accumulés par les historiens étatistes, aux gages de l'Etat, sur cette période !

En effet, n'avons-nous pas tous appris, par exemple, à l'école, que l'Etat avait rendu le grand service de constituer, sur les ruines de la société féodale, les unions nationales, rendues impossibles autrefois par les rivalités des cités ? Tous nous l'avons appris à l'école, et presque tous nous l'avons cru dans l'âge mûr.

Et cependant, nous apprenons aujourd'hui, que malgré toutes les rivalités, les cités médiévales avaient déjà travaillé pendant quatre siècles à constituer ces unions, par la fédération voulue, librement consentie, et qu'elles y avaient réussi.

L'union lombarde, par exemple, englobait les cités de la haute Italée et avait sa caisse fédérale, gardée à Gênes et à Venise. D'autres fédérations, telles que l'union Toscane, l'union Rhénane (qui comprenait soixante villes), les fédérations de la Westphalie, de la Bohême, de la Serbie, de la Pologne, des villes Russes, couvraient l'Europe. En même temps, l'union commerciale de la Hansa englobait des villes scandinaves, allemandes, polonaises et russes dans tout le bassin de la Baltique. Il y avait là, déjà, tous les éléments, ainsi que le fait même, de larges agglomérations humaines, librement constituées.

Voulez-vous la preuve vivante de ces groupements ? Vous l'avez dans la Suisse ! Là, l'union s'affirmait d'abord entre les communes de village (les Vieux Cantons), tout comme elle se constituait en France à la même époque dans le Laonnais. Et, puisque en Suisse la séparation entre la ville et le village n'a jamais été aussi profonde que pour les villes de grand commerce lointain, les villes prêtèrent main-forte à l'insurrection des paysans (du xvie siècle), et l'union engloba villes et villages pour constituer une fédération qui se maintient jusqu'à nos jours.

.·.

Mais l'Etat, de par son principe même, ne peut pas tolérer la fédération libre. Celle-ci représente cette horreur du légiste : « l'Etat dans l'Etat. » L'Etat ne reconnaît pas une union librement consentie, fonctionnant dans son sein : il ne connaît que *des sujets*. Lui seul, et sa sœur, l'Eglise, s'accaparent le droit de servir de trait d'union entre hommes.

Par conséquent, l'Etat doit, forcément, anéantir les cités basées sur l'union directe entre citoyens. Il doit abolir toute union dans la cité, abolir la cité elle-même, abolir toute union directe entre cités. Au principe fédératif, il doit substituer le principe de soumission, de discipline. C'est sa substance. Sans ce principe, il cesse d'être *Etat*.

Et le xvie siècle — siècle de carnage et de guerres — se résume entièrement dans cette lutte de l'Etat naissant contre les villes libres et leurs fédérations. Les villes sont assiégées, prises d'assaut, mises au pillage, leurs habitants décimés ou exportés.

.·.

L'Etat remporte la victoire sur toute la ligne. Et les conséquences, les voilà :

Au xvie siècle, l'Europe était couverte de riches cités, dont les artisans, les maçons, les tisserands et les ciseleurs produisaient des merveilles d'art ; leurs universités jetaient les fondements de la science, leurs caravanes parcouraient les continents, et leurs vaisseaux sillonnaient les rivières et les mers.

Qu'en resta-t-il deux siècles plus tard ? — Des villes qui avaient compté jusqu'à cinquante et cent mille habitants et avaient possédé (c'était le cas à Florence) plus d'écoles et, dans les hôpitaux communaux, plus de lits par habitant que n'en possèdent aujourd'hui les villes les mieux dotées sous ce rapport — sont devenues des bourgades pourries. Leurs habitants massacrés ou déportés, l'Etat et l'Eglise s'emparent de leurs richesses. L'industrie se meurt sous la tutelle minutieuse des employés de l'Etat. Le commerce est mort. Les routes mêmes, qui jadis reliaient ces cités entre elles, sont devenues absolument impraticables au xvii° siècle.

L'Etat, c'est la guerre. Et les guerres ravagent l'Europe, achevant de ruiner les villes que l'Etat n'a pas encore ruinées directement.

∴

Et la découverte) (Amérique

Les villages, du moins, n'avaient-ils pas gagné à la concentration étatiste ? — Non, certainement ! — Lisez ce que nous disent les historiens sur la vie dans les campagnes en Ecosse, en Toscane, en Allemagne au xiv° siècle, et comparez leurs descriptions d'alors avec celles de la misère en Angleterre aux approches de 1648, en France sous le « Roi-Soleil » Louis XIV, en Allemagne, en Italie, partout, après cent ans de domination étatiste.

La misère — partout. Tous sont unanimes à la reconnaître, à la signaler. Là où le servage avait été aboli, il se reconstitue sous mille formes nouvelles ; et là où il n'avait pas encore été détruit, il se modèle, sous l'égide de l'Etat, en une institution féroce, portant tous les caractères de l'esclavage antique ou pire.

Mais pouvait-il sortir autre chose de la misère étatiste, puisque sa première préoccupation fut d'anéantir la commune de village après la ville, de détruire tous les liens qui existaient entre paysans, de livrer leurs terres au pillage des riches, de les soumettre, chacun individuellement, au fonctionnaire, au prêtre, au seigneur ?

VIII

Annihiler l'indépendance des cités; piller les riches guildes de marchands et d'artisans ; centraliser entre ses mains le commerce extérieur des cités, et le ruiner; s'emparer de toute l'administration intérieure des guildes et soumettre le commerce intérieur, ainsi que la fabrication de toute chose jusque dans ses moindres détails, à une nuée de fonctionnaires — et tuer de cette façon l'industrie et les arts ; s'emparer des milices locales et de toute l'administration municipale, écraser les faibles au profit des forts par les impôts, et ruiner les pays par des guerres, — tel fut le rôle de l'Etat naissant aux xvi° et xvii° siècles vis-à-vis des agglomérations urbaines.

Même tactique, évidemment, pour les villages, pour les paysans. Dès que l'Etat s'en sentit la force, il s'empressa de détruire la commune au village, de ruiner les paysans livrés à sa merci, et de mettre les terres communales au pillage.

.·.

Les historiens et les économistes aux gages de l'Etat nous ont enseigné, sans doute, que la commune de village, étant devenue une forme surannée de la possession du sol, forme qui entravait les progrès de l'agriculture, dut disparaître sous l'action de forces économiques naturelles. Les politiciens et les économistes bourgeois ne cessent de le répéter jusqu'à nos jours ; et il y a même des révolutionnaires et des socialistes — ceux qui prétendent être scientifiques — qui récitent cette fable convenue, apprise à l'école.

Eh bien, jamais mensonge plus odieux n'a été affirmé dans la science. Mensonge voulu, car l'histoire fourmille de documents pour prouver à qui veut les connaître — pour la France, il suffirait presque de consulter Dalloz — que la commune de village fut d'abord privée par l'Etat de toutes ses attributions, de son indépendance, de son pouvoir juridique et législatif ; et qu'ensuite ses terres furent, ou bien tout bonnement volées par les riches sous la protection de l'Etat, ou bien directement confisquées par l'Etat.

.·.

En France, le pillage commença dès le xvi° siècle et suivit son train, à plus vive allure, au siècle suivant. Dès 1659, l'Etat prenait les communes sous sa haute tutelle, et l'on n'a qu'à consulter l'édit de 1667, de Louis XIV, pour apprendre quel pillage des biens communaux se faisait dès cette époque. — « Chacun s'en est accommodé selon sa bienséance,... on les a partagés,... pour dépouiller les communes on s'est servi de dettes simulées » — disait le « Roi-Soleil » dans cet édit... et deux ans plus tard il confisquait à son profit tous les revenus des communes. — C'est ce qu'on appelle « mort naturelle » en langage soi-disant scientifique.

Au siècle suivant, on estime que la moitié, au bas mot, des terres communales fut simplement appropriée, sous le patronage de l'Etat, par la noblesse et le clergé. Et cependant, jusqu'en 1787, la commune continuait d'exister. L'assemblée du village se rassemblait sous l'orme, allouait les terres, distribuait les impôts — vous pouvez en trouver les documents chez Babeau (*Le Village sous l'ancien régime*). Turgot, dans la province dont il était l'intendant, avait cependant déjà trouvé les assemblées de village « trop bruyantes », et il les avait abolies dans son intendance pour y substituer des assemblées élues parmi les gros bonnets du village. Et, à la veille de la Révolution, en 1787, l'État généralisa cette mesure. Le *mir* était aboli, et les affaires des communes tombèrent ainsi entre les mains de quelques syndics, élus par les plus riches bourgeois et paysans.

La Constituante s'empressa de confirmer cette loi, en décembre 1789, et les bourgeois se substituèrent alors aux seigneurs pour dépouiller les communes de ce qui leur restait des terres communales. Il fallut alors Jacquerie sur Jacquerie pour forcer la Convention, en 1793, à confirmer ce que les paysans révoltés venaient d'accomplir dans la partie orientale de la France. C'est-à-dire, la Convention ordonna le retour des terres communales aux paysans — chose qui ne se fit d'ailleurs que *là où elle était déjà faite révolutionnairement*. C'est le sort, vous le savez, de toutes les lois révolutionnaires. Elles n'entrent en vigueur que là où le fait est déjà accompli.

La législation avait voulu y mettre de son fiel bourgeois. Son intention était que les terres communales fussent partagées, en parts égales, seulement entre les « citoyens actifs » — c'est-à-dire entre les bourgeois du village. D'un coup de plume, elle voulait déposséder les « citoyens passifs », c'est-à-dire la masse des paysans appauvris, qui avaient le plus besoin de ces terres. Sur quoi, heureusement, il y eut de nouvelles Jacqueries, et la Convention autorisa, en juillet 1793, le partage des terres par tête, entre tous les habitants — chose, encore, qui ne fut faite que par-ci par-là, mais qui servit de prétexte à un nouveau pillage des terres communales.

.
. .

Ces mesures n'étaient-elles pas déjà suffisantes pour provoquer ce que ces Messieurs appellent « la mort naturelle » de la commune ? Et cependant la commune vivait toujours. Alors, le 24 août 1794, la réaction arrivée au pouvoir frappa le grand coup. L'État confisqua toutes les terres des communes et en fit un fonds de garantie de la dette publique, les mettant aux enchères et les livrant à ses créatures, les thermidoriens.

Le 2 prairial, an V, après trois ans de curée, cette loi fut heureusement abrogée. Mais, du même coup, les communes furent abolies et remplacées par des conseils cantonaux, afin que l'État pût les peupler plus facilement de ses créatures. Cela dura jusqu'en 1801, lorsque les communes de village furent réintroduites; mais alors le gouvernement se chargea lui-même de nommer les maires et les syndics dans chacune des 36.000 communes ! Et cette absurdité dura jusqu'à la Révolution de juillet 1830; après quoi, la loi de 1789 fut réintroduite. Et,

entre temps, les terres communales furent de nouveau confisquées en
entier par l'Etat, en 1813, et pillées à nouveau pendant trois ans. Ce
qui en resta ne fut rendu aux communes qu'en 1816.

Croyez-vous que c'est fini? — Pas du tout! Chaque nouveau
régime a vu dans les terres communales une source de récompense
pour ses suppôts. Aussi, depuis 1830, à trois reprises différentes — la
première fois en 1837 et la dernière sous Napoléon III — des lois
furent promulguées pour *forcer* les paysans à partager ce qui leur restait de forêts et de pâturages communaux, et trois fois l'Etat fut obligé
d'abroger ces lois, à cause de la résistance des paysans Tout de même,
Napoléon III sut en profiter pour saisir quelques larges propriétés et
en faire des cadeaux à certaines de ses créatures.

．．

Voilà les faits. Et voilà ce que ces Messieurs appellent, en langage
« scientifique », la mort naturelle de la possession communale « sous
l'influence des lois économiques ». Autant vaudrait nommer mort
naturelle le massacre de cent mille soldats sur les champs de bataille!

．
．*

Eh bien, ce qui se fit en France, se fit en Belgique, en Angleterre,
en Allemagne, en Autriche — partout en Europe, à l'exception des
pays slaves.

Mais quoi! les époques de recrudescence du pillage des communes
se correspondent dans toute l'Europe occidentale. Les procédés seuls
varient. Ainsi, en Angleterre, on n'osa pas procéder par des mesures
générales ; on préféra passer au Parlement quelques milliers d'*enclo-
sure acts* (actes de clôture) séparés, par lesquels, dans chaque cas
spécial, le Parlement sanctionna la confiscation — il le fait jusqu'à
présent — et donna au seigneur le droit de garder les terres communales qu'il avait ceintes d'un enclos. Et, alors que la nature a respecté jusqu'à présent les sillons étroits par lesquels les champs communaux se divisaient temporairement entre les diverses familles du
village en Angleterre, et que nous avons dans les livres d'un certain
Marshal des descriptions nettes de cette forme de possession au commencement du xix⁰ siècle, il ne manque pas de savants (tel Seebohm,
digne émule de Fustel de Coulanges) pour soutenir et enseigner que
la commune n'a jamais existé en Angleterre autrement que comme
forme de servage!

En Belgique, en Allemagne, en Italie, en Espagne, nous retrouvons
les mêmes procédés. Et, d'une façon ou d'une autre, l'appropriation
personnelle des terres, jadis communales, se trouva presque achevée

vers les années ci quante du xix° siècle. De leurs terres communales les paysans n'ont plus gardé que des lambeaux.

Voilà la façon dont cette assurance mutuelle entre le seigneur, le prêtre, le soldat et le juge — l'Etat — a procédé envers les paysans, afin de les dépouiller de leur dernière garantie contre la misère et contre l'asservissement économique.

⁎

Mais pendant qu'il organisait et sanctionnait ce pillage, l'Etat pouvait-il respecter l'institution de la commune, comme organe de la vie locale?

— Evidemment non.

Admettre que des citoyens constituent entre eux une fédération qui s'approprie quelques-unes des fonctions de l'Etat, eût été une contradiction en principe. L'Etat demande à ses sujets la soumission directe, personnelle, sans intermédiaires ; il veut l'égalité dans la servitude ; il ne peut admettre « l'Etat dans l'Etat ».

Aussi, dès que l'Etat commença à se constituer au xvi° siècle, il travailla à détruire tous les liens d'union qui existaient entre citoyens, soit à la ville, soit au village. S'il tolérait, sous le nom d'institutions municipales, quelques vestiges d'autonomie — jamais d'indépendance, — c'était uniquement dans un but fiscal, pour dégrever d'autant le budget central; ou bien, pour permettre aux gros bonnets de la province de s'enrichir aux dépens du peuple, comme cela fut le cas en Angleterre, légalement jusqu'à ces dernières années, et jusqu'aujourd'hui dans les institutions et les mœurs.

Cela se comprend. La vie locale est de droit coutumier, tandis que la centralisation des pouvoirs est de droit romain. Les deux ne peuvent vivre côte à côte; ceci devait tuer cela.

C'est pourquoi, sous le régime français en Algérie, lorsqu'une *djemmah* kabyle — une commune de village — veut plaider pour ses terres, chaque habitant de la commune doit porter une plainte isolée aux tribunaux, qui jugeront cinquante ou deux cents affaires isolées, plutôt que d'accepter la plainte collective de la commune. Le code jacobin de la Convention (connu sous le nom de Code Napoléon) connaît à peine le droit coutumier : il préfère le droit romain, ou plutôt le droit byzantin.

C'est pourquoi, toujours en France, lorsque le vent a abattu un arbre sur une route nationale, ou qu'un paysan, ne voulant pas faire lui même la corvée pour la réparation d'une route communale, préfère payer deux ou trois francs au casseur de pierres — il faut que douze à quinze employés des ministères de l'intérieur et des finances soient mis en mouvement et que *plus de cinquante papiers* soient échangés entre ces austères fonctionnaires, avant que l'arbre puisse être vendu, ou que le paysan reçoive la permission de verser se deux ou trois francs à la caisse de la commune.

Vous en doutez, peut-être? Eh bien, vous trouverez ces cinquante papiers, énumérés et dûment numérotés par M. Tricoche, dans le *Journal des Economistes* (avril, 1893).

Ceci, bien entendu, sous la troisième République, car je ne parle pas des procédés barbares de l'ancien régime qui se bornait à cinq ou six paperasses tout au plus. Aussi, les savants vous diront-ils qu'à cette époque barbare, le contrôle de l'Etat n'était que fictif.

.·.

Et si ce n'était que cela ! Ce ne serait, après tout, qu'une vingtaine de mille fonctionnaires de trop et un milliard de plus inscrit au budget. Une bagatelle pour les amoureux de « l'ordre » et de l'alignement !

Mais il y a pis au fond de tout cela. Il y a le *principe* qui tue tout.

Les paysans d'un village ont mille intérêts communs : intérêts de ménage, de voisinage, de rapports constants. Ils sont forcément amenés à s'unir pour mille choses diverses. Mais l'Etat ne veut pas, ne peut pas admettre qu'ils s'unissent ! Puisqu'il leur donne l'école et le prêtre, le gendarme et le juge — cela doit leur suffire. Et si d'autres intérêts surgissent, — qu'ils passent par la filière de l'Etat et de l'Eglise.

Aussi, jusqu'en 1883, il était sévèrement défendu en France, aux villageois, de se syndiquer, ne serait-ce que pour acheter ensemble des engrais chimiques ou irriguer leurs prairies. Ce n'est qu'en 1883-1886 que la République se décida à accorder ce droit aux paysans, en votant, avec force précautions et entraves, la loi sur les syndicats.

Et nous, abrutis par l'éducation étatiste, nous sommes capables de nous réjouir des progrès soudains accomplis par les syndicats agricoles, sans rougir à l'idée que ce droit dont les paysans furent privés jusqu'à nos jours, appartenait à l'époque du moyen âge, sans contestation aucune, à chaque homme — libre ou serf. Esclaves que nous sommes, nous y voyons déjà une « conquête de la démocratie ».

Voilà à quel état d'abrutissement nous en sommes arrivés avec notre éducation faussée, viciée par l'Etat, et nos préjugés étatistes !

IX

— « Si vous avez des intérêts communs, à la ville ou au village, — demandez à l'Etat et à l'Eglise de s'en occuper. Mais il est défendu de vous allier directement pour vous en occuper vous-mêmes ! » Telle est la formule qui résonne dans toute l'Europe depuis le xvi° siècle.

—. « Toutes alliances, connivences, congrégations, chapitres, ordinances et serments, faits ou ̀ ̣aire entre charpentiers et maçons, seront nulles et annulées », lit-on déjà dans un édit du roi d'Angleterre Edouard III, à la fin° du xiv° siècle. Mais il fallut la défaite des villes et des insurrections populaires dont nous avons parlé, pour que l'Etat osât mettre la main sur toutes les institutions — guildes, fraternités, etc., — qui reliaient entre eux les artisans, et les anéantir.

C'est ce qui se voit si bien en Angleterre, où l'on possède une masse de documents pour suivre ce mouvement pas à pas. Peu à peu, l'Etat met la main sur toutes les guildes et les fraternités. Il les serre de près, abolit leurs conjurations, leurs syndics, qu'il remplace par ses fonctionnaires, leurs tribunaux, leurs festins ; et, au commencement du xvi° siècle, sous Henri VIII, l'Etat confisque sans autre forme de procédure tout ce que possèdent les guildes. L'héritier du grand roi protestant achève son œuvre.

C'est un vol au grand jour, sans excuses, comme l'a si bien dit Thorold Rogers. Et c'est encore ce vol que les économistes soi-disant scientifiques vont représenter comme la mort « naturelle » des guildes, sous l'influence des lois économiques !

. .

En effet, l'Etat pouvait-il tolérer la guilde, la corporation de métier, avec son tribunal, sa milice, sa caisse, son organisation jurée ? C'était « l'Etat dans l'Etat » ! L'Etat, le vrai, *devait* la détruire, et il la détruisit partout : en Angleterre, en France, en Allemagne, en Bohême, n'en conservant que les apparences, comme instrument du fisc, comme partie de sa vaste machine administrative.

Et — faut-il s'étonner que les guildes, les maîtrises et les jurandes, dépourvues de tout ce qui autrefois faisait leur vie, placées sous des fonctionnaires royaux, devenues simples rouages de l'administration, n'étaient plus, au xviii° siècle, qu'un encombrement, qu'un obstacle au développement des industries, alors qu'elles en furent la vie même quatre siècles auparavant ? L'Etat les avait tuées.

Mais il ne suffisait pas à l'Etat d'abolir ainsi tous les rouages de la vie intime des conjurations de métier, qui le gênaient en se plaçant entre lui et ses sujets. Il ne lui suffisait pas de confisquer leurs caisses et leurs propriétés. Il devait s'emparer de leurs fonctions, aussi bien que de leur argent.

Dans une cité du moyen âge, lorsque des intérêts se trouvaient en conflit dans un même métier, ou que deux guildes différentes se trouvaient en désaccord, il n'y avait d'autre recours que la cité. Force leur était de s'arranger, d'arriver à un compromis quelconque, puisque toutes se trouvaient liées mutuellement dans la cité. Et jamais cela ne manquait de se faire — par arbitrage, par appel à une autre cité au besoin.

Désormais, le seul arbitre fut l'Etat. Toutes les disputes locales, infimes parfois dans les petites villes de quelques cents habitants, devaient s'empiler sous forme de paperasses dans les bureaux du roi ou du parlement. Le parlement anglais fut inondé à la lettre de ces mille petites querelles locales. Il fallut alors dans la capitale des milliers de fonctionnaires — vénaux pour la plupart — pour classer, lire, juger tout cela, prononcer sur chaque moindre détail : régler la façon dont il fallait forger un fer à cheval, blanchir telle toile, saler le hareng, faire le tonneau, et ainsi de suite à l'infini... et le flot montait toujours !

Mais ce ne fut pas tout. Bientôt l'Etat mit la main sur le commerce d'exportation. Il y vit une source d'enrichissement — il s'en empara. Jadis, lorsqu'une contestation surgissait entre deux villes sur la valeur des draps exportés, la pureté de la laine, ou la capacité des tonneaux de harengs, — les villes se faisaient l'une à l'autre leurs remontrances. Si la dispute traînait en longueur, on s'adressait à une tierce ville pour qu'elle jugeât comme arbitre (cela se voyait continuellement). Ou bien on convoquait un congrès des guildes de tisserands ou de tonneliers, pour régler internationalement la qualité et la valeur des draps, ou la capacité des tonneaux.

Maintenant, ce fut l'Etat qui se chargea, à Londres ou à Paris, de régler tous ces différends. Par ses fonctionnaires il réglait la contenance des tonneaux, précisait la qualité des draps, escomptait et ordonnait le nombre de fils et leur épaisseur dans la chaîne et dans la trame, s'immisçait par ses ordonnances jusque dans les moindres détails de chaque industrie.

*
* *

Vous en devinez le résultat. L'industrie se mourait au dix-huitième siècle sous cette tutelle.

Qu'était devenu, en effet, l'art de Benvenuto Cellini sous la tutelle de l'Etat? — Disparu ! — Et l'architecture de ces guildes de maçons et de charpentiers dont nous admirons encore les œuvres d'art? — Regardez seulement les monuments hideux de la période étatiste, et d'un seul coup d'œil vous saurez que l'architecture était morte, si bien morte que jusqu'à présent elle n'a pu se relever des coups qui lui furent portés par l'Etat.

Que devenaient les tissus de Bruges, les draps de Hollande ? Où étaient ces forgerons, si habiles à manier le fer et qui, dans chaque bourgade européenne, savaient faire prêter ce métal ingrat aux décors les plus exquis? Où étaient ces tourneurs, ces horlogers, ces ajusteurs qui avaient fait de Nuremberg une des gloires du moyen âge pour les instruments de précision? — Parlez-en à James Watt qui, pour sa machine à vapeur, chercha en vain pendant trente ans un ouvrier qui sût faire un cylindre à peu près rond, et dont la machine resta trente ans à l'état d'ébauche, faute d'ouvriers pour la construire.

Telle fut l'œuvre de l'Etat dans le domaine industriel. Tout ce qu'il savait faire, c'était de serrer la vis sur l'ouvrier, dépeupler la campagne, semer la misère dans la ville, réduire des millions d'êtres à l'état de meurt-de-faim, imposer le servage industriel.

Et ce sont ces méchantes épaves des anciennes guildes, ces organismes meurtris et pressurés par l'Etat, ces rouages inutiles de l'administration, que les économistes, toujours « scientifiques », ont l'ignorance de confondre avec les guildes du moyen âge. Ce que la Grande Révolution balaya, comme nuisible à l'industrie, — ce ne fut pas la guilde, ni même l'union de métier ; ce fut un rouage inutile et nuisible de la machine étatiste.

* *

Mais ce que la Révolution se garda bien de balayer, — c'est le pouvoir de l'Etat sur l'industrie, sur le serf de l'usine.

Vous souvenez-vous de la discussion qui eut lieu à la Convention — à la terrible Convention – à propos d'une grève ? Aux doléances des grévistes, la Convention répondit (je cite de mémoire) :

« L'Etat seul a le devoir de veiller aux intérêts de tous les citoyens. En faisant grève, vous faites une coalition, vous créez un Etat dans l'Etat. Donc — la mort ! »

Dans cette réponse on n'a vu que le caractère bourgeois de la Révolution. Mais n'a-t-elle pas un sens beaucoup plus profond ? Ne résume-t-elle pas l'attitude de l'Etat, qui trouva son expression entière et logique dans le jacobinisme de 1793, vis-à-vis de la société entière ? — « Vous avez à vous plaindre ? Portez plainte à l'Etat ! lui seul a la mission de redresser les griefs de ses sujets. Quant à vous coaliser pour vous défendre — jamais ! » C'était dans ce sens que la République s'appelait une et *indivisible*.

Le socialiste jacobin moderne ne pense-t-il pas de même ? La Convention n'a-t-elle pas traduit le fond de sa pensée avec la logique sévère qui lui était propre ?

Dans cette réponse de la Convention se trouva résumée l'attitude de tous les Etats vis-à-vis de toutes les coalitions et de toutes les sociétés privées, quel que fût leur but.

Pour la grève, c'est jusqu'à présent le cas en Russie, où la grève est considérée comme un crime de lèse-Etat (1). En grande partie

_____

(1) Ceci fut écrit en 1896. Maintenant, la Révolution qui a commencé en Russie a compris parfaitement que ce qu'il lui fallait, c'était *d'apprendre à se passer de l'Etat*. Aussi, la reprise des terres aux seigneurs, la réduction de la journée

aussi en Allemagne, où le jeune Guillaume disait, tout récemment encore aux mineurs : « Appelez-en à moi ; mais si jamais vous vous permettez l'action vous-mêmes, vous connaîtrez le sabre de mes soldats ! »

C'est encore, et presque toujours le cas en France. Et c'est à peine si en Angleterre, après avoir lutté pendant cent ans par la société secrète, par le poignard aux traîtres et aux maîtres, par la poudre explosive sous les machines (pas plus loin qu'en 1860), par l'émeri versé dans les boîtes à graisse et le reste, que les travailleurs anglais commencent à conquérir le droit de grève, et l'auront bientôt en entier — s'ils ne tombent pas dans les pièges que leur tend déjà l'Etat, en cherchant à leur imposer son arbitrage obligatoire, en échange de la loi des huit heures.

Plus d'un siècle de luttes terribles ! Et que de misères, que d'ouvriers morts en prison, transportés en Australie, fusillés, pendus, pour reconquérir le droit de se coaliser, lequel — je ne me lasse pas de le répéter — chaque homme, libre ou serf, pratiquait librement, tant que l'Etat n'eut pas imposé sa lourde main sur les sociétés.

⁂

Mais quoi ! Est-ce l'ouvrier seul qui fut traité de cette façon ?

Souvenez-vous seulement des luttes que la bourgeoisie dut soutenir contre l'Etat pour conquérir le droit de se constituer en sociétés commerciales — droit que l'Etat ne commença à concéder que lorsqu'il y découvrit un moyen commode de créer des monopoles à l'avantage de ses créatures et d'alimenter sa caisse. Pensez aux luttes pour oser écrire, parler, ou simplement penser autrement que l'Etat ne l'ordonne par l'Académie, l'Université et l'Eglise ! Aux luttes qu'il faut soutenir jusqu'à ce jour pour pouvoir enseigner aux enfants à lire — droit que l'Etat se réserve sans l'utiliser ! Aux luttes même pour obtenir le droit de s'amuser en commun ! Sans parler de celles qu'il faudrait soutenir pour oser choisir son juge et sa loi — chose qui fut autrefois de pratique journalière, — ni des luttes qui nous séparent du jour où on mettra au feu ce livre de peines infâmes, inventées par l'esprit de l'Inquisition et des empires despotiques de l'Orient, connu sous le nom de Code pénal !

⁂

Voyez ensuite l'impôt, — institution d'origine purement étatiste — cette arme formidable dont l'Etat fait usage, en Europe, comme dans

de travail, l'abolition des restrictions contre les réunions et la conquête de la liberté de la presse se font-elles en ce moment (décembre 1905) *par le fait, par l'action directe*, — non pas par la législation étatiste. Pour tuer la liberté — l'Etat. Pour conquérir la liberté — passez par-dessus l'Etat, démolissez-le.

les jeunes sociétés des Etats-Unis, pour tenir les masses sous son talon, favoriser les amis, ruiner le grand nombre à l'avantage des gouvernants et maintenir les vieilles divisions et les vieilles castes.

Prenez ensuite les guerres, sans lesquelles les Etats ne peuvent ni se constituer ni se maintenir, guerres qui deviennent fatales, inévitables, dès que l'on admet que telle région, — parce que Etat — peut avoir des intérêts opposés à ceux de ses voisins. Pensez aux guerres passées et à celles que les peuples subjugués devront mener pour conquérir le droit de respirer librement ; aux guerres pour les marchés ; aux guerres pour créer des empires coloniaux... Et ce que chaque guerre, victorieuse ou non, amène après soi de servitude, vous ne le savez malheureusement que trop en France.

.·.

Et enfin, ce qui est pire que tout ce que je viens d'énumérer, c'est que l'éducation que nous recevons tous de l'Etat, à l'école et plus tard, a tellement vicié nos cerveaux que la notion même de liberté finit par s'égarer, se travestir en servitude.

Triste spectacle que de voir ceux qui se croient révolutionnaires vouer leurs haines les plus profondes à l'anarchiste — parce que les conceptions de celui-ci sur la liberté dépassent leurs conceptions mesquines et étroites de la liberté, apprises à l'école étatiste. Et cependant, ce spectacle est un fait.

C'est que l'esprit de servitude volontaire fut toujours savamment nourri dans les jeunes cerveaux, et l'est encore, afin de perpétuer l'asservissement du sujet à l'Etat

La philosophie libertaire est étouffée par la pseudo-philosophie romano catholique de l'Etat. L'histoire est viciée dès sa première page où elle ment en parlant des royautés mérovingienne et carlovingienne, jusqu'à sa dernière page où elle glorifie le jacobinisme et ne veut pas connaître le peuple dans son œuvre propre de création des institutions. Les sciences naturelles sont perverties pour être mises au service de la double idole, Eglise-Etat. La psychologie de l'individu, et encore plus celle des sociétés, sont falsifiées dans chacune de leurs assertions pour justifier la triple alliance du soldat, du prêtre et du bourreau. La morale, enfin, après avoir prêché pendant des siècles l'obéissance à l'Eglise, ou au livre, ne s'en émancipe aujourd'hui que pour prêcher la servitude envers l'Etat. — « Point d'obligations morales directes envers ton voisin, point même de sentiment de solidarité ; toutes tes obligations sont envers l'Etat » nous dit-on, nous enseigne-t-on dans ce nouveau culte de la vieille divinité romaine et césarienne. « Le voisin, le camarade, le compagnon — oublie-les. Tu ne les connaîtras plus que par l'intermédiaire d'un organe de ton Etat. Et tous vous vous ferez une vertu de lui être également asservis. »

..

Et la glorification de l'Etat et de la discipline, à laquelle travai ent l'Université et l'Eglise, la presse et les partis politiques, se prêche si bien que les révolutionnaires mêmes n'osent regarder en face ce fétiche.

Le radical moderne est centralisateur, étatiste, jacobin à outrance. Et le socialiste lui emboîte le pas. Comme le Florentin de la fin du xvᵉ siècle, qui ne savait plus qu'invoquer la dictature et l'Etat, pour le sauver des patriciens, — le socialiste ne sait qu'invoquer toujours les mêmes dieux, la dictature et l'Etat, pour le sauver des abominations du régime économique, créées par ce même Etat !

X

Si l'on approfondit un peu toutes ces diverses catégories de faits, que j'ai à peine effleurés dans ce court aperçu, on comprendra pourquoi, — voyant l'Etat, tel qu'il fut dans l'histoire, et tel qu'il est dans son essence même aujourd'hui — et convaincus qu'une institution sociale ne peut pas se prêter à *tous* les buts voulus, puisque, comme chaque organe, elle fut développée par telle fonction, dans tel but, et non pas dans tous les buts possibles, — on comprendra, dis-je, pourquoi nous concluons à l'abolition de l'Etat.

Nous y voyons l'institution, développée dans l'histoire des sociétés humaines pour empêcher l'union directe entre les hommes, pour entraver le développement de l'initiative locale et individuelle, pour broyer les libertés qui existaient, pour empêcher leur nouvelle éclosion.

Et nous savons qu'une institution, qui a tout un passé datant de plusieurs milliers d'années, ne peut pas se prêter à une fonction opposée à celle pour laquelle elle fut développée dans le cours de l'histoire.

..

A cet argument, absolument inébranlable pour quiconque a réfléchi sur l'histoire, — que nous répond-on ?

On répond par un argument... presque enfantin.

— « L'Etat est là, nous dit-on. Il existe, il représente une puissante organisation, toute faite. Pourquoi la détruire, au lieu de l'utiliser ? Elle fonctionne pour le m... — c'est vrai ; mais c'est parce qu'elle est aux mains des exploiteurs. Tombée aux mains du peuple, pourquoi ne serait-elle pas utilisée dans un meilleur but, pour le bien du peuple ? »

Toujours le même rêve, — du marquis de Posa, dans le drame de Schiller, essayant de faire de l'absolutisme un instrument d'affranchissement ; ou bien le rêve du doux abbé Pierre, dans *Rome* de Zola, voulant faire de l'Eglise, le levier du socialisme !...

Qu'il est triste d'avoir à répondre à de pareils arguments ! Car ceux qui raisonnent ainsi, ou bien n'ont pas le moindre soupçon sur le vrai rôle historique de l'Etat ; ou bien, ils conçoivent la révolution sociale sous une forme tellement insignifiante, tellement anodine, qu'elle n'a plus rien de commun avec les aspirations socialistes.

.•.

Prenez un exemple concret, la France.

Tous, tant que nous sommes ici, nous avons certainement signalé ce fait frappant, que la Troisième République, malgré sa forme républicaine de gouvernement, est restée monarchique, dans son essence. Tous, nous lui avons reproché de ne pas avoir républicanisé la France — je ne dis pas de n'avoir rien fait pour la révolution *sociale*, mais de ne pas avoir seulement introduit les mœurs de l'esprit simplement républicain. Car le peu qui s'est fait depuis vingt-cinq ans pour démocratiser les mœurs, ou pour répandre quelque peu d'instruction, s'est fait partout, dans toutes les monarchies européennes, sous la poussée même des temps que nous traversons. — D'où vient donc l'étrange anomalie d'une république restée monarchique ?

Elle vient de ce que la France est restée Etat, au même point qu'elle l'était il y a trente ans. Les détenteurs du pouvoir ont changé de nom ; mais tout cet immense échafaudage ministériel, toute cette organisation de ronds de cuir centralisés, toute cette imitation de la Rome des Césars qui s'est élaboré en France est resté : et ces rouages continuent, comme jadis, à échanger leurs cinquante paperasses quand le vent a abattu un arbre sur une route nationale. L'estampille de la paperasse a changé ; mais l'Etat, son esprit, ses organes, sa centralisation territoriale et sa centralisation des fonctions sont restés. Et, comme une pieuvre, ils s'étendent de jour en jour sur le pays.

Les républicains — je parle des sincères — avaient nourri l'illusion que l'on pouvait « utiliser l'organisation de l'Etat » pour opérer un changement dans le sens républicain, et voilà les résultats. Alors qu'il fallait briser la vieille organisation, *briser l'Etat* et reconstruire une nouvelle organisation, en commençant par les fondements mêmes de la société — la commune de village affranchie, l'union ouvrière libre, etc. — ils ont pensé utiliser « l'organisation qui existait déjà »

.Et, faute d'avoir compris que l'on ne fait pas marcher une institution historique dans le sens que l'on voudra lui indiquer, — qu'elle a sa .marche à elle, — ils furent engloutis par l'institution.

Et cependant, dans ce cas, il ne s'agissait pas encore de modifier l'ensemble des rapports économiques dans la société. Il ne s'agissait que de réformer certains côtés seulement des rapports politiques entre hommes !

.•
..

Mais après un échec si complet, en face d'une expérience si piteuse, on s'obstine à nous dire que la conquête des pouvoirs dans l'Etat, par le peuple, suffira pour accomplir la révolution sociale ! — que la vieille machine, le vieil organisme, lentement élaboré au cours de l'histoire pour broyer la liberté, pour écraser l'individu, pour asseoir l'oppression sur une base légale, pour égarer le cerveau en l'habituant à la servitude — se prêtera à merveille à de nouvelles fonctions : qu'elle deviendra l'instrument, le cadre, pour faire germer une vie nouvelle, pour asseoir la liberté et l'égalité sur des bases économiques, pour réveiller la société et marcher à la conquête d'un meilleur avenir !...

Quelle immense erreur !

Pour donner libre essor au socialisme, il s'agit de reconstruire de fond en comble une société, basée aujourd'hui sur l'étroit individualisme du boutiquier. Il s'agit, non pas seulement — comme on l'a dit quelquefois en se plaisant dans la vague métaphysique — de remettre au travailleur « le produit intégral de son travail » ; mais il s'agit de refaire en entier tous les rapports, depuis ceux qui existent aujourd'hui entre chaque individu et son marguillier ou son chef de gare, jusqu'à ceux qui existent entre métiers, hameaux, cités et régions. Dans chaque rue et dans chaque hameau, dans chaque groupe d'hommes réunis autour d'une usine ou le long d'une voie ferrée, il faut réveiller l'esprit créatif, constructeur, organisateur, afin de reconstruire toute la vie — à l'usine, sur le chemin de fer, au village, au magasin, dans l'approvisionnement, dans la production, dans la distribution. Tous les rapports entre individus et entre les agglomérations humaines sont à refaire, du jour même, du moment même où l'on touchera à l'organisation actuelle, commerciale ou administrative.

Et l'on veut que ce travail immense, qui demande l'exercice libre du génie populaire, se fasse dans les cadres de l'Etat, dans l'échelle pyramidale de l'organisation qui fait l'essence de l'Etat ! On veut que l'Etat, dont nous avons vu la raison d'être dans l'écrasement de l'individu, dans la haine de l'initiative, dans le triomphe d'une idée qui doit forcément être celle de la médiocrité, devienne le levier pour accomplir cette immense transformation !... On veut gouverner le renouveau d'une société à coup de décrets et de majorités électorales...

Quel enfantillage !

.·.

A travers toute l'histoire de notre civilisation, deux traditions, deux tendances opposées, se sont trouvées en présence : la tradition romaine et la tradition populaire ; la tradition impériale et la tradition fédéraliste ; la tradition autoritaire et la tradition libertaire.

Et de nouveau, à la veille de la révolution sociale, ces deux traditions se trouvent face à face.

Entre ces deux courants, toujours vivants, toujours en lutte dans l'humanité, — le courant par le peuple et le courant des minorités assoiffées de domination politique et religieuse — notre choix est fait.

Nous reprenons celui qui poussa les hommes, au xn° siècle, à s'organiser sur les bases de la libre entente, de la libre initiative de l'individu, de la libre fédération des intéressés. Et nous laissons les autres se cramponner à la tradition impériale, romaine et canonique.

.·.

L'histoire n'a pas été une évolution ininterrompue. A plusieurs reprises, l'évolution s'est arrêtée dans telle région pour recommencer ailleurs. L'Egypte, l'Asie antérieure, les bords de la Méditerranée, l'Europe centrale ont été tour à tour le théâtre du développement historique. Mais chaque fois cette évolution a commencé, d'abord par la phase de la tribu primitive, pour passer ensuite par la commune de village, puis par la cité libre, et mourir enfin dans la phase Etat.

En Egypte, la civilisation débute par la tribu primitive. Elle arrive à la commune de village, plus tard à la période des cités libres ; plus tard encore, à l'Etat, lequel, après une période florissante, amène — la mort.

L'évolution recommence en Assyrie, en Perse, en Palestine. Elle y traverse de nouveau les mêmes phases : la tribu, la commune de village, la cité libre, l'Etat tout-puissant — la mort !

Une nouvelle civilisation débute alors en Grèce. Toujours par la tribu. Lentement elle arrive à la commune de village, puis aux cités républicaines. Dans ces cités, la civilisation atteint ses plus hauts sommets. Mais l'Orient lui apporte son haleine empestée, ses traditions de despotisme. Les guerres et les conquêtes créent l'empire d'Alexandre de Macédoine. L'Etat s'intronise, la pieuvre grandit, elle tue toute civilisation, et alors survient — la mort !

Rome recommence la civilisation à son tour. C'est encore la tribu primitive que nous retrouvons à ses origines ; puis la commune de village ; puis la cité. À cette phase elle arrive à l'apogée de sa civilisation. Mais viennent l'Etat, l'empire, et alors — la mort !

Sur les ruines de l'empire romain les tribus celtes, germaniques, slaves, scandinaves recommencent à nouveau la civilisation. Lentement la tribu primitive élabore ses institutions pour arriver à la commune de village. Elle s'attarde dans cette phase jusqu'au xiie siècle. Alors surgit la cité républicaine, et celle-ci amène l'éclosion de l'esprit humain, dont nous parlent les monuments de l'architecture, le développement grandiose des arts, les découvertes qui posent les bases des sciences naturelles... Mais ensuite vient l'Etat...

— La mort ?

Oui, la mort, — ou bien le renouveau ! Les Etats mis en pièces, et une nouvelle vie recommençant dans mille et mille centres, sur le principe de l'initiative vivace de l'individu et des groupes, sur la libre entente. Ou bien, toujours l'Etat écrasant la vie individuelle et locale, s'emparant de tous les domaines de l'activité humaine, amenant ses guerres et ses luttes intestines pour la possession du pouvoir, ses révolutions de surface qui ne font que changer de tyrans et, inévitablement, au bout de cette évolution — la mort !

Choisissez !

Mayenne, Imp. Ch. Colin